그리움이
사모함이 된 예배

그리움이 사모함이 된 예배

김정하 지음

한 생명이 이 땅에 와서 하나님을 만나고
살다가 천국에 갈수 있다는 것이 얼마나 다행이고
복 있는 인생인지 깨닫고 사는 사람이 얼마나 될까요?

○

하나님과 동행했던 간증이 저에게 위로와 힘을 준 것처럼, 가족들과 가까운 사람들에게 부끄럽지만 신앙의 위로와 용기를 전하고 싶었습니다. 어떤 분이 이 글을 읽게 될지 모르겠지만 보는 분들로 하여금 성령의 감동 안에 머물기를 원합니다. 당신을 예배의 자리로 부르시는 하나님을 바라보셨으면 좋겠습니다. 성령님이 주시는 은혜를 받아 어떤 역경에도 믿음으로 승리하시는 삶이 되길 기도하며 이 책을 전합니다.

목차

하나님이여 사슴이 시냇물을 찾기게 갈급함 같이
내 영혼이 주를 찾기에 갈급하나이다

시편 42편 1절

서문

하나님을 찾는 간절한 예배의 자리 - 10

맺음말

사랑하고 존경하는 아버지 - 166

1부

주님을 찾는 갈급한 심령

예수가 밥 먹여줘? - *18*

종갓집 종손의 시재 가는 날 - *22*

18세 소년의 소원은 교회가는 것 - *36*

비 오는 일요일의 외로움 - *40*

명절이 주는 고통 - *46*

예수쟁이라고 불리던 학생 - *56*

신앙의 정조와 막걸리 세례 - *60*

응급실의 임종 기도 - *78*

첫 봉급을 전부 바치는 마음 - *84*

2부

그리움이 사모함이 된 예배

그 기도가 믿음임을 알지 못했다 - 93

자유 있는 예배 가는 길 - 96

간절함이 희망이고 위로가 된다 - 98

마음의 예배는 가슴에 메인다 - 101

종탑 십자가의 부르심 - 104

그 길의 끝을 알 수 없을지라도 - 107

독박골 바위산의 친구 - 109

바위산 둥지 나그네가 되어 - 113

꿇은 무릎에 밤이슬을 맞을 때까지 - 114

나를 알고 계시다 말씀 하시네 - 118

가시가 찌르는 고통과의 씨름판 - 121

병상에서 배운 순종 - 124

있는 그대로 감사합니다 - 128

수락산의 옷 자락을 마음에 품고 - 131

그분 앞에 아름다워지고 싶다 - 134

영육이 분리되는 그날 - 137

그 모습을 닮고 싶은 친구 나무 - 138

산기슭에 쏟아낸 눈물 가방 - 141

나는 황혼에 빛 진자가 된다 - 144

마지막 그날이 되어도 감사할 수 있게 - 148

그곳에 언제나 함께 계신 주님 - 152

쓴 뿌리 속을 지나면서 - 154

네가 심지 않은 과일을 먹게 하리라 - 156

언제나, 기도 - 162

매일의 생명이 기적이여서 - 163

하나님을 찾는
간절한 예배의 자리

하나님의 섭리에 따라 주님은 구속의 은혜로 저를 찾아오셨습니다. 제사를 중요시했던 유교 사상의 가문 종손인 저에게 찾아오신 성령님은 어린 저에게 '교회는 어떤 곳이며, 무엇을 하는 곳일까?' 하는 호기심을 주고 궁금하게 하셨습니다. 그러기를 계속될 무렵, 친구 따라서 가본 교회는 저의 마음을 시원하게 해줬습니다. 무엇이 무엇을 시원하게 해줬는지 모르지만, 그날 예배에서 들은 하나님은 큰 자신감으로 다가왔습니다. 그날의 심정에 대해 자세히 설명이 안 되는 것은 너무 어렸기 때문입니다. 저는 그 후로 주일을 범한 적이 없습니다. 예배를 소홀히 여긴 적이 없게 되었습니다. 일편단심으로 하나님을 경배합니다.

성령 하나님은 저에게 뜨거운 예배의 열정을 주셨습니다. 예배를 통해 하나님에 대해 더욱 알게 되고, 구원받은 은혜 안에서 살게 되었습니다. 성도로서 믿음의 삶을 살게 하신 하나님을 찬양합니다. 예배로 받은 은혜는 욕심을 잉태하지 않게 하고, 범사에 감사함으로 주님 안에서 살아가는 평안의 삶으로 인도했습니다. 오늘의 제가 있기까지 구원의 하나님이 되어주셨습니다. 자녀들과 온 가족이 믿음의 명문 가정을 이루어, 오늘도 기도하며 한발 한발 주님께 나아가게 하고 계십니다.

어릴 적 예수를 믿는다는 이유로 당한 핍박을 피하여 신앙의 자유를 찾아 빈손으로 세상에 나아갔습니다. 그 모든 순간에 하나님은 저와 동행해 주셨습니다. 범사에 감사함으로 살게 하신 하나님!

기도와 말씀을 통해 많은 시련과 연단 속에서 하나님은 승리하게 하셨습니다. 소년기에 흘렸던 많은 눈물을 닦아 주셨고 위로와 격려로 신앙을 성장케 하시며 장성한 분량에 이르도록 인도하셨습니다. 그렇게 더욱더 열정과 열심히 하나님과 교회를 섬기도록 하셨습니다. 이후 유교 가문 종손인 가정과 가문을 구원시키고 일가친척들에게 복음을 전파하여 열매 맺게 하시며, 문중의 선산도 파하게 되어 모든 것을 승리로 인도하신 하나님을 찬양합니다.

하나님과 동행하는 삶을 살기 위해서는 우리는 주님과 대화하며 살아가야 합니다. 이 대화가 기도입니다. 깨어있는 성도의 삶은, 시간과 공간, 거리 상관없이 시공을 초월한 기도를 합니다. 때로는 꿈속에서도 기도합니다. 너는 나를 누구라 생각하느냐는 주님의 말씀에 성령의 감동으로 시몬은 이렇게 고백합니다.

'주는 그리스도시요, 살아계신 하나님의 아들

입니다.'

 베드로처럼 성령님의 도움 없이는 예배의 간절함은 아무에게나 주어지는 것이 아닙니다. 내가 간절해지고 싶다고 하여 간절해질 수도 없는 것입니다. 하나님이 주시는 은혜와 성령의 인도하심 없이는 있을 수 없습니다. 오직 섭리 안에서 성령님의 인도하심을 받은 자가 하나님을 찾습니다.

 구원받은 성도라면 당연히 피조물로써 자신을 지어주신 주인 된 하나님께 예배합니다. 그보다 더 중요한 것은 없습니다. 인간이 창조된 목적은 하나님을 기쁘시게 하고, 영원히 즐겁게 하는 것이라 했습니다. 하나님을 기쁘시게 하는 것은 예배 외에는 다른 방법이 없습니다. 여기서 말하는 은혜의 예배는 하나님께 상달된, 즉 가인보다 더 나은 제사로 아벨과 같이 응답받는 예배입니다. 성령의 능력으로 죄를 이기고, 범사에 감사함으로 살아가는 신앙이 삶이 되는 것입니다. 예배에서 받는 은혜로 내가 드린 예배를 하나님께서 다 받으신다고 착각할 수 있습니다. 우리는 내가 아벨이라고 생각하지만, 더러는 가인 같은 자라는 것을 자신은 모르고 있을 때가 있습니다. 그런데도 사랑이신 하나님의 능력으로 가인 같은 마음 밭이 기경 될 수 있음을 알아야 합니다. 그래서 온전한 예배가 중요합니다.

세상을 살아가는 많은 사람 가운데 하나님은 성령의 인도로 그의 참된 자녀를 예배의 자리로 끌어내십니다. 예배를 통해 죄를 회개하고, 세상에 지친 영혼이 소생되며, 소망 중에 기뻐하고, 말씀에서 용기를 얻으며, 감사함으로 담대히 살아갈 수 있도록 은혜 충만케 하십니다. 그 채움을 경험하는 저와 여러분이 되었으면 좋겠습니다.

여호와는 나의 목자시니 내게 부족함이 없으리로다
그가 나를 푸른 초장에 누이시며 쉴 만한 물가로 인도하시는도다
내 영혼을 소생시키시고 자기 이름을 위하여
의의 길로 인도하시는도다

시편 23편 1-3절

1부

주님을 찾는 갈급함 심령

예수가 밥 먹여 줘?

춥고 배고픈 시절에 굶주리고 싶은 사람은 없다. 어린 시절 예수를 믿는다는 이유로 고아 아닌 고아로 보낸 시간이 있었다. 가정에서 외톨이가 되어 수시로 손등으로 눈물을 훔쳤었다. 고개를 떨구고 땅만 보고 지내왔던 그 시간의 내 모습이 초라하게 느껴진다. 무거운 바위 같은 한이 가슴을 짓누르고 눈물이 마를 날이 없었던 그때, 하나님이 어떤 분인지 더 궁금해져 갔다.

'예수가 밥 먹여 주냐?' 라는 가족과 친척의 비난을 들어야 할 때면, '예!'하고 받아치고 싶었지만, 의기소침했던 소년은 벙어리가 될 뿐이었다. 헐벗고 배고픈 그 시절은 밥이 최고니까. 집안이나 골목이나, 어른이나 아이나, 나를 보며 하는 그 말은 비수처럼 날아와 가슴에 상처를 남겼다. 나는 정말로 그들이 말하는 바보 같은 모습이 되었다. 그저 하늘을 바라보고 흘러가는 구름을 보며 한숨으로 눈물을 지을 뿐이었다.

하나님! 보고 계시나요?
시도 때도 없이 들어야 하는 말
'예수가 밥 먹여줘?'
그 말에 상처 입고 신음하는 아들을 도와주세요.

성경에서는 당신의 자녀를
먹이고 입히고 부하게 하시는
하나님이라고 하셨는데
지금 나는 너무 힘이 들어요.

'하나님! 대답 좀 해주세요!' 먼 하늘 바라보며 소리 내어 물어본다. 밤이면 한적한 곳을 찾았다. 개울가나, 들판이나, 숲속에서, 혼자가 되어 억울하고 한 맺힌 기도를 드렸다. 초라하게 지쳐 있는 모습이 꼭 고아 같았다. 그럴수록 겨울밤 호롱불 밑에서 성경을 더 가까이 했다. 말씀으로 위로받곤 했지만 외로움과 고단함은 가시지 않았다.

'그래도 하나님이 어떻게 해주시겠지?'

나는 울면서도 연약한 한 줄기 희망을 놓지 않았다. 그때의 그 마음이 어설프더라도 귀한 믿음임을 알고 있는 지금은 모든 순간이 감사하다.

종갓집 종손의 시재 가는 날

사람들이 말하는 서양 귀신 들린 종갓집 종손인 16세 소년이 시재 가는 날. 온 동네 일가친척으로부터 외톨이가 되어 풀 죽어 있는 소년, 예수쟁이 소년은 가을이면 겪어야 하는 피하고 싶은 그날이 기억납니다.

시골 추수 가을걷이가 끝날 즘, 문중 선산에 시재 가는 날이 찾아온다. 그날은 시재 준비에 아침 일찍부터 종갓집은 많은 사람으로 북적인다. 다들 분주하게 준비하는데 어린 소년은 겁에 질려 숨죽였다. 그때 마을 어른 선비양반들이 대문에 들어선다. 긴 도포를 입고 갓을 쓰고 허리곰방대(담뱃대)를 찬 문중 어른들 하는 말이 들린다.

"오늘은 조상님께 시재 지내려 어린 종손도 가는 거지?"

소년은 가슴이 철렁한다. 그날은 일요일로 교회를

가는 날이기 때문이다. 아버지는 말이 없으시다가 주위를 돌아보시면서 못을 박는다.

"당연히 가야지요?"

그러고는 종손인 나를 부르셨다. 내가 아무 대답을 못 하자 잠시 긴장이 흐른다. 아버지는 제복의 긴 도포 자락 소매를 올리며 시재의 재물을 잔뜩 실은 소달구지의 출발을 알린다. 그 뒤를 도포 입고 갓 쓰고 곰방대 찬 양반 선비들이 줄지어 따른다. 아버지는 연신 종손인 나의 이름을 부른다. 모여든 사람들에 등 떠밀려 나온 나에게 '어서 앞서 거라!' 다그친다. 양반 선비들은 풀죽은 소년을 보며 혀를 찬다.

"조상도 모르고 서양 귀신 들린 놈! 그래 오늘은 별수 없지?"

다들 기가 사는지 에헴, 에헴, 헛기침한다. 소년은 어쩔 수 없이 어른들에게 끌려간다.

시재 행렬이 골목길을 돌아 나왔을 때, 마을 어귀에 있는 초등학교 선생님이신 믿음 좋으신 집사님의 집이 눈에 보였다. 소년은 위기를 빠져나갈 구멍을 본 것같이 가슴이 두근거렸다. 자신도 모르게 그 집 대문 앞에 멈추어 섰다. 대문 앞에 요지부동 서 있는 소년 때문에 시재 가는 긴 행렬이 멈춰지고 말았다. 그러자 모든 사람의 시선이 소년에게 집중된다. 아버지는 소달구지를 멈추게 하고, 목석처럼 서 있는 아들에게 큰 소리로 야단치기 시작했다. 불순종하는 자식 때문에 아버지는 문중 선비양반 앞에 체면이 무너졌다. 화가 나고 속이 상한 아버지는 아들에게 윽박지르며 다가선다. 덩달아 선비양반들도 소년을 꾸짖는다. 종갓집으로서 아버지는 아들이 조상 신을 배신하고 문중 종손의 책임 의식을 저버렸다는 점에 몹시 분개했다. 그러나 당기고 밀쳐도 소년은 대문 기둥에서 미동이 없다. 그 많은 사람

지켜보는 앞에서 아버지는 끝내 손찌검을 시작했다.

갓 쓴 선비양반들은 조상 버리고 서양 귀신 들린 저 어린놈 버릇 좀 고쳐 놓아야 한다며 웅성거림이 더해져 갔다. 손찌검에 쓰러져 내동댕이쳐진 소년을 보고도 노여움을 못 삭이시는 아버지를 말리는 사람은 아무도 없었다. 사람들은 문중 종손이 서양 귀신 들린 것으로 원인이 된 현실을 구경할 뿐이었다. 오히려 어린 종손이 야단맞는 모습을 보며 만족스러워 보였다. 가슴이 후련한지 아니면 안쓰러웠는지, 다들 '쯧쯧쯧!' 혀 차는 소리가 소년의 귀에까지 들린다. 소년은 주위 사람들마저 미워졌다. 그런데도 소년은 어디서 그런 담대함이 나왔는지 꿈쩍도 하지 않는다.

아버지는 땅에 쓰러진 아들을 잡아 일으켰다. 자존심과 노여움에 못 이겨 야단치는 목소리는 떨리고 있었다. 그 아버지의 모습이 가슴 아프고 안타까웠다. 소년은 그만 포기할까 하는 마음이 순간적으로 지나간다. 시재 드리려고 같이 가던 동네 아이들도 주위에 둘러서서 겁에 질려있다. 그 아이들과 함께 둘러선 어른들은 쑥덕인다.

"종갓집 종손이 서양 귀신 들었으니, 문중이 망하고 우리 조상님들 다! 굶게 되었으니 어찌하면 좋을꼬?"

그 순간 소년이 멈춰 서서 고대하고 있던 그 대문이 열렸다. 기다리던 교회 집사님이 나타났다. 집사님은 안쓰러운 눈빛으로 자식을 구박하는 아버지를 말리시며, 조용히 내 손을 잡고 말씀하셨다.

"얘야! 오늘은 그만 아버지 따라가는 게 좋겠다."

그 소리에 소년은 내 편이 없는 것 같은 좌절을 느꼈다. 귀로는 조롱하는 사람들의 야유소리만 가득 채워졌다. 아버지는 초등학교 선생님이신 집사님의 공손한 만류를 듣고, '어서 가자'는 말뿐이다. 결국 무거운 침묵이 끝나고 다시 시재 행렬에 끌려가고 만다.

  시끄러운 소란으로 온 동네 구경거리가 된 소년은 그만 거지 같은 꼴이 되어 풀이 죽었다. 그 순간 용기도 빠져나간다. 나를 지켜보던 동네 사람들, 더욱이 동네 아이들의 시선에 수치심이 차올랐다. 박살 난 자존심에 가슴이 답답해지는 것을 애써 참는다. 무력감을 느낀 소년은 마음에서 외마디 외침을 한다.

  '정말 하나님은 계시는가?!'

  소년은 초라한 몰골이 되어 있었다. 아버지의 구타로 귀도 먹먹하고 시야도 침침하고 얼굴도 화끈거렸다. 그렇게 정신이 혼미한 상태로 힘없이 뒤뚱뒤뚱 소달구지 뒤를 따라서 무겁게 시재 지낼 산으로 갔다. 들판을 지나고 시냇물을 건너고 구불구불 산길을 따라 시재 가는 긴 행렬이 새삼스럽다.

  소년은 서러움에 찬 긴 한숨을 몰아쉬며 먼 하늘을

바라본다. 저 위에 계신 하나님이 궁금해진다. 그러고는 걱정이 찾아온다. '시재 지낼 산에 가서는 또 어떻게 해야 할까?' 선산에 도착하자 조상 묘 앞에 절하는 문제로 소년의 마음은 복잡하고 무거웠다. 도망가고 싶다는 생각뿐이었다. '믿음 좋으신 그 집사님이 왜 그랬을까? 그 집사님은 지금 교회 가서 교회 친구들과 함께 있을 텐데! 그리고 예배도 드리겠지?' 속상함에 괜스레 그 집사님이 밉고 실망스럽다.

하나님을 알고 나서 모든 일상이 변했다. 예전에는 종손이라는 것과 우리 집에서 만든 재래 음식을 동네 아이들에게 나눠준다는 사실에 자부심이 있었다. 어린 마음에 그 사실을 으스대고 뽐내기도 했다. 하지만 예수쟁이가 된 지금은 모든 상황이 바뀌었다. 과거와 지금의 시재 행렬 속 너무도 달라진 모습과 상황을 바라보니 여린 마음에 잠시 혼란이 온다. 행렬에 함께하는 아이들의 즐거운 수다 소리가 얄밉게 느껴질 뿐이다. 그 모습을 보고 싶지 않아 눈을 감아 버린다.

들판을 지나 꼬불꼬불 산길을 따라 먼 길을 걸으면 산모퉁이를 돌아 저수지가 보이고, 건너편 문중 선산에 울창한 소나무 숲 사이로 즐비한 비석과 함께 많은 조상 묘가 보인다. 그 순간 소년의 가슴 깊은 곳에서 간절하고 절박한 기도가 외쳐진다. '하나님! 이 산 좀 없애주세요!' 울분에 화끈거리는 소년의 얼굴에는 얼룩얼룩 땟국물로 범벅이 된 뜨거운 눈물이 흐른다. 그 눈물은 소년과 하나님만 아는 약속의 기도가 되었다.

선산에 도착한 행렬은 시재 음식을 옮기고 재래 준비에 잠시 분주하다. 얼마 후 상위 선대의 묘 앞에 둘러서서 시재가 시작되었다. 그런데 이상하게 종손은 사람들의 관심밖에 놓였다. 언제나 종손인 소년을 제일 앞자리에 세우고 절하는 게 당연했는데 말이다. 산자락 한 구석진 곳에 어정쩡하게 서 있는 자신을 보고 그 이유가 짐작되었다. 입은 옷은 여기저기 흙이 잔뜩 묻어 더러워지고 겉옷 단추도 여러 개 떨어져 있었다. 마을 입구의 집사님 대문 앞 소동으로 소년의 의복이 너덜너덜해진 것이다. 제사 지낼 차림새가 못 되었음을 소년은 그제야 알 수 있었다. 덕분에 그날 시재 내내 조상 묘 앞에 절하는 일은 없었다. 그렇게 소년의 마음을 무겁게 짓누르던 긴장은 풀려갔다.

동네 친척들과 또래들과 시재 온 많은 사람의 외면으로 관심 밖으로 밀려나 버려진 종갓집 종손의 자존심보다 절하지 않은 안도감이 더 컸다. 그 순간만큼은 그들의 외면이 편안하고 좋았다. 얼마의 시간이 흘렀는지 산 아래 초라하게 웅크리고 앉아있는 소년의 귀에 즐거운 함성의 웃음소리가 산 위에서 들렸다. 모든 제사가 끝나고 산 중턱 선대 묘 앞 잔디밭에서 아이 어른 다 함께 둘러앉자, 차례 음식을 나눔의 시간일 테다. 소년은 그제야 이 지루한 고통의 시간이 끝나감을 느꼈다. 빨리 이곳을 벗어나 집으로 가고 싶음이 간절해진다. 굶주린 배를 부여잡고 서러움을 어린 가슴에 기도로 담는다.

그날도 하나님이 보내신 천사같이 고마운 한 분이 계셨다. 우리 집에서 일하시는 머슴 아저씨. 아저씨는 시재가 끝나자 부지런히 짐을 챙기시고 산 아래 쪼그리고 앉아있는 소년을 이끌어 말없이 소달구지에 태우시더니 급히 집으로 가면서 말했다.

"오늘 고생 많이 했다!"

그리고 먹을 것 챙겨주셨다. 아저씨는 가슴이 짠했는지 먼 산을 보시면서 덧붙인다.

"오늘 아침에 너 야단맞는 그곳에 할머님이 와 계셨다. 너는 몰랐지?"

할머니는 너를 보시며 안절부절못하면서 자신에게 잘 부탁한다고 당부하였다고 한다. 그 말에 소년은 그만 참았던 눈물이 엉엉 소리 내며 쏟아졌다. 아저씨는 울지 말거라 위로하시며 당부도 하신다.

"매 맞으면 너만 손해잖아! 그리고 배도 쫄쫄 굶고! 앞으로는 아버지 말씀 거역하지 말거라!"

아저씨가 챙겨주신 음식과 위로에 감동했지만, 그 말에는 대답할 수 없었다. 아침에는 눈물로 올라오던 먼 길이었지만, 돌아가는 길은 마음이 후련했다.

마을 어귀에 있는 시냇가 둑에 들어서니, 개울 건너편에 궁금해 마중 나와 계시던 할머니가 보였다. 할머니는 눈에 익은 소달구지를 보시고 손짓하니, 아저씨는 큰소리로 안심시키신다. 둑을 지나서 개울물 건너 동내 어귀에 이르니, 할머니는 애가 타셨는지 다급하게 소리친다.

"저 아이 아비가 산에 가서는 어째 때리지 않았지!?"

"예! 어르신 오늘 애가 고생했습니다."

나는 소달구지에서 내려 할머니 품으로 달려갔다.

"우리 종손 오늘 큰 낭패 보았네!"

할머니는 왜소하고 초라해진 어린 손자가 걱정되어 눈물을 애서 참는 모습이다. 할머니를 보자 서러움이 복받치지만, 소년도 할머니 앞에서 울지 않으려고 애를 쓴다. 할머니는 안타까워서 조심스럽게 말한다.

"애야! 그 예수 안 믿으면 안 되겠느냐?"

손자는 또 대답을 못 하고 말없이 눈물만 흘렸다. 할머니는 할머니대로 속이 많이 상하셨는지 또 얘기하신다.

"그렇게까지 하지 않으면 그 예수를 믿을 수 없느냐?"

"…"

할머니는 손자의 마음을 알고 더 이상 묻지 않으셨다. 제사를 거부한 일로 다시 아버지께 혼날 걱정은 남아 있었지만, 따뜻한 할머니의 손을 잡고 집으로 향했다. 소년의 하루 종일 지치고 허기진 몸과 마음은 할머님의 지극한 사랑의 손길에 위로와 치료가 되었다.

> 그날 이후로 소년에겐 시재 가는 날은 없었다.
> 먼 훗날 그 아버지는 구원받고 돌아가셨고,
> 문중선산은 개발로 없어 졌다.

18세 소년의 소원은 교회가는 것

사람들이 말하는 소원
하나님, 나도 있습니다
하나님, 제 소원 하나 들어 주세요.

마음껏 기도할 수 있고
마음껏 예배할 수 있고
걱정 없이 주일예배 갈 수 있는 곳
그곳이라면 어디든 가겠습니다.

예배를 온 마음 다해 사모하게 된 순간부터 소년의 기도 제목은 소원이 된다. 소원을 가진 소년은 안타까움으로 초조하다. 암담한 현실이 답답하여 하늘 위에 떠가는 구름을 보며 저 많은 구름 위에는 무엇이 있을까? 그곳에 숨어있을 것 같은 하나님, 하늘 위에 떠가는 구름 사이로 그분에게 눈물짓는다.

'하나님! 내 마음 아시기나 하시나요? 고등학교 졸업하면 취직하게 해주셔야 합니다. 그때까지 예배하러 가는 이 길이 힘들고 어려워도 참고 기다리겠습니다.'

그때를 기다리는 소년의 하루하루가 천년 같다. 그 시간 따라 기도의 내용이 바뀌어 간다. 아무리 몸과 마음이 힘들고 지친 날도 예배하러 갔다. 들판을 지나고 냇가를 건너고 언덕을 오르며 종종걸음으로 그 소원을 빌기 위해 교회로 간다.

땡그랑 땡, 땡그랑 땡

언제 들어도 포근하고 다정한 아들을 부르는 엄마 소리 같은 종소리, 소원에 목마른 지친 소년을 위로한다. 오늘도 예배의 소원을 이루기 위해 종소리 울리는 교회로 간다. 몰래 가는 예배 길이 부모에게 죄인 되어 가슴 조인 초조함을 안고 하나님이 계신 교회로 간다.

사랑인 하나님은 기도를 들어주셨다. 고등학교 입학 후 알게 된 취직의 자리를 이끌어 주셨다. 신앙의 자유와 예배의 자리를 지킬 수 있도록 말이다.

비 오는 일요일의 외로움

어린 시절 비를 좋아한 기억이 난다. 소년 시절에는 사랑채에 누워 지붕 위에 내리는 비를 보며 두 손으로 턱을 고이고 감상에 젖기도 했다. 시골 들판의 넓은 지평선을 이루는 푸른 보리밭의 싱그러움이 지나고, 그 보리밭 누렇게 익어 황금물결 되어, 복숭아 수확이 끝날 무렵은 장마철이 시작된다. 유교적 가정에서 자란 소년의 빗속 주일은 외로움을 이겨야 하는 날이었다.

시골은 장마철이 되면 온 마을이 조용하게 쉬는 날이 된다. 나는 비 내리는 주일 아침에 교회 가는 것이 식구들에게 발각되면 심한 박해를 받았다. 마음의 상처를 안고 힘겹게 대문을 빠져나오곤 했다. 훌쩍거리며 옷소매로 눈물 닦고, 이미 예배 시간은 늦었지만, 교회로 향해가는 발걸음을 재촉했다. 무엇이 그렇게 교회로 이끌었는지 그때는 알 수 없었다. 그저 예배가 좋아서 교회로 갔다. 어린아이의 신앙은 단순했다.

빗길에 종종걸음으로 걸어야 한다. 신발은 물 장화가 되고, 입은 옷은 거의 젖어 신경 쓰였다. 지각생은 조용히 교회 문을 열고 들어가 출입문 뒤쪽 신발장 옆 쪼그리고 앉자, 예배를 드린다. 예배가 끝나면 마주한 친구들과 힘없이 인사한다. 농촌 교회는 비가 오는 날이면 모두 일찍 귀가한다. 텅 빈 교회 예배당은, 늦게 도착한 소년의 차지가 된다. 아쉬움이 남았던 기도와 예배를 홀로 더 채운다. 그리고 그 시간이 끝나면 고민이 시작된다.

'오후 저녁 예배까지 어떻게 기다릴까?'

교회 친구들도 가족을 따라 모두 집으로 간 터라 같이 놀 사람이 없다. 소년은 교회 출입문 앞 처마 밑에 쪼그리고 앉아 떨어지는 빗방울에 외로움을 잊어 본다. 세찬 빗줄기로 교회 양철지붕에서 요란한 소리가 난다. 그 소리가 너무 커서 소년은 겁이 나기도 했다.

우당탕우당탕!

주일날도 혼자가 되는 것이 얼마나 슬픈지 문득 사무치게 서러워진다. 고독함에 집 생각이 간절하지만, 저녁 예배가 눈앞을 가로막는다. 텅 빈 교회 출입문에 앉아 얼마의 지루한 시간이 지나니 배고픔이 느껴진다. 오늘 같은 비 오는 날은 집에서 삶은 감자와 부침개를 먹곤 했다. 그 생각에 소년은 허기진 마음이 더욱 힘들게 느껴졌다.

'하나님은 왜 나를 가족들의 미움을 받는 외톨이가 되게 하셨을까? 하나님은 우리에게 모든 것을 채우신다고 목사님이 말씀하셨는데, 우리 목사님은 나의 이런 모습을 아실까?'

교회 출입문 천마 밑에 쪼그리고 앉아 요란한 양철지붕 빗소리로 지루하게 듣고 있다 보니 생각나는 곳이 있었다. 외딴 산비탈에 있는 움막! 흙과 지푸라기로 어설프게 임시 거처로 지은 곳이다. 봉숭아밭 움막은 소년이 기도처로 만들었던 자리다. 소년은 그곳으로 향한다. 그 동굴 같은 움막 안에서 편안함을 취한다. 세찬 비바람이 복숭아나무를 흔들고 가끔 움막 입구까지 들어와도 '하나님 감사합니다.'라고 말한다. 움막은 할머니 품 같았다. 언제나 내 편이신 할머니가 생각나면 다시 서러움을 느낀다. 마음의 외로움은 곧 몸의 허기짐을 데리고 온다. 비바람이 복숭아나무를 세차게 흔들어 대지만 수확이 끝난 후 남은 복숭아가 떨어지는 것은 거의 찾아볼 수 없다. 혹이라도 남은 복숭아 한 알이 있으면 얼마나 좋을까 생각한다.

"하나님 배가 고파요!"

긴 한숨 내쉬며 비 내리는 하늘을 바라본다. 순간 웬일인가, 빗줄기 속 움막 처맛기슭에서 복숭아가 보인다. 그것도 3개나! 복숭아 잎에 가려 보였다 가렸다 한다. 빗속에서 하나님 내려주신 복숭아를 만나게 되었다. 소년은 가을 까치가 된 기분으로 빗속의 복숭아를 따서 먹었다.

비 내리는 주일 오후, 갈 곳 없는 외로운 소년에게 쉼의 안식처가 된 움막은 기도와 말씀으로 하나님과 함께한 곳이 되었다. 젖은 옷도 마르고 복숭아도 먹고 움막 안 푸성귀의 포근함에 단잠을 자기도 했다. 얼마간 시간이 지나 주일 오후의 예배를 알리는 교회 종소리를 듣는다. 일어나보니 비가 그쳐 있었다. 소년은 다시 늦은 오후 저녁 예배드리러 교회로 향한다. 그곳에서 안식을 잊을 수 없다. 그날 이후 비 오는 날을 좋아하게 된 건지도 모르겠다.

명절이 주는 고통

신의 품에 있으면서도

현실은 춥고 배고픔에 고개 숙인 그날!

어느 18세 소년은 명절날 아침 시골 언덕 아름다운 교회 종탑 밑 양지바른 곳에 앉아 눈 부신 햇살을 받으며 깊은 생각에 잠긴다.

'명절은 누가 만들었을까?'

토속적인 시골 마을 김 씨 부족인 동네에서 명절 풍경은 어떨까? 단일 성씨를 가진 문중 마을은 조상 차례 제사를 비롯한, 모든 행사에 함께하는 마을 전체가 풍요로운 명절이 축제의 날이기도 했다. 예수님을 만나기 전에는 친구들과 서로 자신의 명절 차림을 자랑했다. 평소엔 먹을 수 없던 맛있는 음식과 명절에만 입을 수 있는 새 옷 때문에 소년도 명절을 손꼽아 기다리곤 했었다. 그러나 그렇게 기다리던 명절이 언젠가부터 두려워졌다. 하나님을 알게 된 후로 소년의 명절은 이제 기쁨이 아니라 초조함이다.

'하나님을 믿는 사람들은 어떤 세상에서 살까?'

명절 전날이 되면 밤새 잠을 이루지 못하다. 이른 새벽에 책가방을 챙겨 도망치듯 몰래 집을 나온다. 교회로 향하는 발걸음이 무겁다. 평소의 새벽 기도는 신선하고 기쁜 마음인데, 명절 새벽은 제사 차례의 우상숭배를 피하여 도망해 온 도피자의 심정으로 예배당에 들어선다. 새벽 기도가 끝나고 텅 빈 예배당 마루에 혼자 남는다. 그리고 홀로 긴 기도가 시작된다. 동녘 하늘 솟아오른 태양이 예배당 안쪽 깊숙이 들어오고서야 소년은 고개를 들고 강대상을 응시해 본다. 하나님이 여기에 계시는가 하여 궁금하고 보고 싶다. 피신자로 있는 소년은 시골 언덕 위에 세워진 교회가 안식처같다. 해 돋는 아침이 되면 교회를 나와 언덕 위 종탑 옆에 앉는다. 그렇게 저 멀리 소년의 집이 있는 동네를 바라보며 외로운 명절 아침을 맞이한다.

종탑 나무 기둥에 기대어 온몸에 받는 따뜻하고 포근한 햇살에 졸음이 서서히 온다. 그렇게 명절날이면 혼자만의 긴 하루가 시작된다. 소년은 해가 지도록 온종일 허술한 시골 교회에 머문다. 골방에서 홀로 보내는 것이 감옥 같다고 느껴지기도 한다. 허기지고, 배가 고파 명절 음식 생각이 간절히 났다. 우상 앞에 절하지 말라는 목사님 말씀! 그것밖에 몰랐던 어린아이의 순수한 신앙을 지켰다.

교회 종탑 밑의 소년의 시선은 들판을 가로질러 시냇가를 지나 멀리 보이는 집을 향해있다. 해가 지기를 기다리며 슬픈 기린이 되어 긴 한숨을 쉬어도 본다. 자신이 경험했던 풍요로운 명절날이 아득하게 느껴진다. 풍요를 포기해야 하는 하루는 더 오래도록 지치게 한다. 마을 외곽의 언덕에 위치한 교회 주변은 한적함이 더해져 있다. 명절날은 교회 오는 사람이 없어 더욱 외롭다. 다들 가족들과 어울려 먹고 즐겁게 보내는 명절이니까. 고독한 배경은 쓸쓸함을 가중한다.

 무엇이 소년에게 명절날에 가족과 함께할 수 없도록 하는 현실이 되었을까? 성경을 보면서 이해하려 하지만 오늘 같은 명절날은 말씀이 편하게 묵상 되지 않는다. 추석 명절도 그렇지만 새해 설 명절은 더 많은 고통의 하루를 보내곤 했다. 허술한 시골 교회 골방은 찬바람이 올라온다. 삐꺽 삐꺽 소리 나는 나무 마룻바닥에 벽은 웃풍이 심해서 입과 코에는 김이 서리고 손발이 아리도록 춥다. 춥고 배고픔이 너무 힘들고 서러워서 하나님 앞에 눈물로 기도할 뿐이다. 소년은 꾀죄죄한 방석을 있는 대로 껴안고 기도 중에 지쳐 잠이 들곤 했다. 어쩌다 고향 집으로 명절 귀향하시지 않은 사모님이 있을 때는 무겁고 긴 코트를 몰래 덮어주시고 가시곤 했다. 그 고마움에 가슴이 먹먹해져 왔다.

누군가 지켜보는 것도 아닌데, 명절은 소년이 신앙의 도를 지켜가는 하루가 되었다. 서산에 해가 질 때면 지친 몸으로 가방을 챙기고 교회 문을 나와 집으로 향했다. 그 발걸음은 즐겁기보다 두려움이 앞선다. 집에 가서 겪어야 하는 일들이 머릿속에 화면처럼 떠올라 무섭고 두려웠다. 화가 난 무서운 아버지와 자신 앞에 긴 곰방대 휘저으며 야단치는 문중 어른들! 온종일의 외로움이 두려움으로 바뀌면서 가던 길 멈추고 생각에 잠긴다. '나는 따로 돌아갈 곳이 없구나.'

허기진 몸으로 집으로 가는 길목에서 들판 논두렁 둑길에 주저앉아 기도한다. 그 하루 기도가 부족해서라기보다 밀려오는 공포가 두려워서다.

"하나님! 어떻게 해요? 두려워요. 도와주세요! 우리

아버지 마음 좀 녹여주셔요! 사랑채에 자리 잡고 기다리는 문중 어른들은 자기네 집으로 다 돌아가고 없게 해주세요. 하나님 그리고 지금 배가 너무 고파요..."

밀려오는 두려움은 간절한 기도가 된다. 기도 중에 언제나 내 편이신 할머님 생각에 용기를 내어 본다.

'오늘도 할머님 내 편이 되게 하나님 도와주세요!'

마을 입구 들판을 향해있는 소년의 집이 눈에 보인다. 초조함에 기도하며 다가간다. 서산에 해는 지고 어둠이 깔리는 시골 마을엔 굴뚝마다 연기가 피어오르고 있음이 눈에 보인다. 기도의 응답이었을까? 할머니는 벌써 대문 앞에 나와 손자를 기다리는 모습이 보인다. 그 모습이 시야에 들어오는 순간 '이제는 됐어! 하나님 감사합니다.' 용기가 생기고 힘이 솟아난다.

유교 사상이 철저한 종갓집 종부 어른으로서 손자

를 야단쳐야 당연하지만 3대 독자 아버지로부터 맏손자로 태어난 손자의 사랑이 앞서셨다. 명절날 제사 차례를 피해 교회로 도망한 것 아시는 듯 할머니는 온종일 손자를 기다리셨을 것이다. 소년은 할머니가 속이 많이 상하셨음을 느낀다. 할머니는 손자가 어디에서 오는지 알고서 아무 말씀 없이 손을 꼭 잡아 주셨다. 그 순간 소년은 그만 왈칵 눈물이 쏟아졌다. 말이 없으신 할머니는 소리 없이 우는 손자의 손을 꼭 잡고 집으로 들어간다. 대문을 지나 할머니 방으로 보물단지 옮기듯 아랫목으로 앉히고, 손자의 배고픔을 알고서 기다렸던 것처럼 온갖 명절 음식을 차려놓은 상을 챙겨준다.

'좀 빨리 오지 그랬니?'

속이 상해 말씀하시는 할머니의 음성에 사랑을 느낀다. 나는 들판에서 드린 그 기도의 응답은 할머니를 통해 받곤 했다. 손자를 아끼고 보살피던 할머니의 마음을 하나님이 아셨을 테다.

그렇게 하루가 무탈하게 끝나길 간절히 원하는 기대는 곧 무너지고 만다. 아버지의 사랑채 호출이 들려오면 심장이 뛴다. 조상에게 죄인이 된 소년은 얼마의 말로 다 할 수 없는 수모를 겪어야 했다. 아버지께 혼이 난 후 너덜너덜해진 마음으로 사랑방을 나와 다시 할머니 곁으로 간다. 그제야 온종일 긴 고통의 명절은 그렇게 끝이 난다.

천사 같은 할머니의 보살핌과 사랑의 위로가 상처받은 명절 하루의 고통을 깨끗이 씻어내 주었다. 곤한 몸을 할머니가 준비한 따끈따끈한 아랫목에 누인다. 마치 생전 처음 느껴보는 아늑함 같은 황홀함으로 눈을 감는다. 불과 몇 시간 전 두려움과 공포에 사로잡혀 있던 소년은 다시 평온함을 맞이한다. 그러고는 감사

기도를 드린다. 그때 그 따사하고 아늑했던 편안함을 잊을 수 없다. 그 감정은 눈물을 이불에 적시게 만든다. 그 순간은 매 맞는 것도 아니고 배고픈 것도 아닌데도 말이다. 노곤해진 몸과 마음에 따뜻한 눈물이 흐른다.

"하나님 고맙습니다. 그것뿐이다. 괴롭고 두려운 슬픈 명절! 잘 넘어가게 해주셔서 감사합니다."

이렇게 홀로 싸워야 하는 명절이 언제 끝이 날까? 생각하다 지쳐 잠이 들곤 했다.

예수쟁이라고 불리던 학생

유구한 역사의 도심 경주 황오동. 많은 유적과 울창한 소나무 숲으로 이루어져 있는 전통가옥의 명품 동네. 이곳으로 먼 시골에서 유학을 온 자취생의 행복한 신앙생활의 한 장면이 담겨 있다. 그 이름은 예수 학생! 아침마다 등교하며 마주하는 싱그러운 그 길, 오후 하굣길에는 마음껏 잔디 위에 뒹굴고 품어주는 포근함 놀이터, 숲길이 있는 귀족 선비들의 고택이 자리 잡은 황오동 저택이 있다. 크고 웅장한 대문을 들어서면 검은 기와로 즐비하게 이루어진 집이었다.

　소년이 지냈던 자취방은 저택의 사랑채 중 하나다. 그 넓은 집은 나이 든 누나가 할아버지와 할머니와 부모님 모시고 조용하게 살아가는 평범하고 행복한 곳이었다. 다른 사랑채에는 소년 외에도 몇몇 유학하러 온 자취생이 있었다. 깨끗하고 넓은 마당 한가운데 두레박이 걸려있는 커다란 우물을 지나, 많은 사랑채 중 좌

측 바깥의 두 번째 방이다. 가림막도 없는 간단한 부엌만 있었다. 그래도 방안은 흙 온돌방으로 따뜻하고 포근했다. 무엇보다 그곳은 신앙의 자유를 얻은 곳이다. 주일이면 방해 없이 마음 놓고 자유롭게 예배 갈 수 있다는 사실이 좋았다. 일요일이 더 기다려지고 신이 났다.

"할아버지! 저 교회 다닙니다. 할아버지 할머니도 예수 믿으셔요!"

인사는 나의 전도였다. 할아버지 할머니는 성경책을 들고 대문을 나서는 소년을 향해 '예수 학생'이라 불렀다. 교회 성도들이 예수님이 인쇄된 전도지를 나누어 주면서 '예수 믿으세요!' 전하는 사람들을 예수쟁이로 부르던 것에 익숙했던 것에서 그런 별명이 생긴 것으로 생각된다. 예수 학생은 하나님께 영광이 돌리는 것 같아서 기분이 좋았다.

예수 학생은 주일이면 바빴다. 먼 길을 가야 교회가 있었기 때문이다. 주일 아침이면 저택에서 제일 먼저 일어났다. 부지런한 예수 학생 칭찬을 받을 때면 같이 거주하는 다른 유학생들에게는 미안하고 쑥스러웠다. 자취생활이 힘들긴 해도 유교 가문과 가족들의 구박 없는 주일이 행복했다.

크고 울창한 소나무 숲을 지나 자유롭게 예배 가는 길! 여름이면 푸른 소나무 숲 시원한 청솔 바람 맞으며 왕릉 앞 잔디 위에 쉬었다 가는 길! 언제 어디서든 하나님께 기도할 수 있는 시간이었다. 성경을 읽는 습관이 자리 잡아 믿음이 깊어져 갔다. 많은 것이 즐겁고 감사했다. 운치 있는 황오동 주위에 유고한 옛적 유산이 많이 있어 전국에 학생들의 수학여행지로 아름다운 유적지다. 성경과 찬송가 옆에 끼고, 황오동 솔밭 길 따라 자유롭게 예수 학생은 자유롭게 예배하러 다녔다.

신앙의 정조와 막걸리 세례

군대에서 고참은 하늘 또는 주상이라 했던 시절이 있다. 70년대 군 복무는 열악한 병영생활로 힘들었지만 나라에 대한 충성심은 부끄럽지 않았던 시절이다. 봄이 와도 추위를 버티기 위해 군 내무반 벽난로 앞 난로 위에는 언제나 누런색 큰 주전자가 올려져 있었다. 내무반에 회식 있을 때면 그 누런 주전자에 물 대신 막걸리가 가득 채워진다. 내가 김일병이 되어 이곳에 전입해 온 지 며칠이 지나 일요일 오후 내무반 전 장병 회식이 있는 날이었다.

회식이라고는 하지만 병사들이 먹을 것은 준비된 것도 별로 없었다. 벽난로 위에 놓여있는 막걸리 한 주전자와 식당에서 얻어온 찌개 한 냄비 그리고 건빵 몇 봉지를 풀어놓은 것이 전부였지만, 장병들의 마음은 흥분되고 즐거운 분위기였다. 고참병이 신임병의 신고회식을 선포한다. 군 내무반 전례에 따라 신고식이 거

행되는 순간이었다. 고참병 사회자의 인도로 군가가 시작된다.

"사나이로 태어나서!!"

내무반 전체가 우렁차게 3창까지 반복해 목이 터지라 젊은 기력을 발산한다. 제일 고참병이 전입해 온 신임 병 한 명 한 명에게 막걸리 한 사발씩 하사한다는 전례가 있었다. 나는 같이 전입해 온 신임 병들과 함께 신고식을 진행했다. 왕고참이 하사한다는 막걸리를 받아야 하는 내 순서는 앞선 신임 병 덕분에 두 번째 차례가 되었다. 나는 다른 신병의 막걸리 하사 모습을 볼 여유가 없었다. 내 차례가 다가올수록 가슴이 빠르게 뛴다.

'하나님 저 어떻게 해요?' 마음으로 간절히 기도하고 있던 순간 왕고참이 다가와서 말한다.

"고개 들어야! 논산훈련소와 포병학교에서 교육받느라 수고 많이 했어! 그리고 여기 잘 왔어! 오늘 그동

안의 노고와 환영하는 의미에서 하늘 같은 왕고참이 하사하는 축하주 한잔 드시게!?"

왕고참이 사발 가득 따라준 막걸리 사발을 받고 나는 묵묵히 말했다.

"죄송합니다. 저는 크리스천입니다. 술을 마셔 본 적이 없습니다. 용서하여 주십시오!"

"뭐야? 야! 일병! 네가 목사도 아닌데 그깟 술 한잔 먹는 게 뭐 그리 대단하냐?"

일병은 아무런 말이 없다. 그러자 왕고참의 소리가 더 커진다.

"야! 너만 크리스천이냐? 여기 내무반에 선배 크리스천들 수두룩해! 짜씩아! 왕년에 누구는 교회 안 다녀 보았냐? 처음엔 다 그러더라! 짜아식! 허풍떨지 마! 여긴 군대야!"

이윽고 병장도 옆에서 한마디 거든다.

"이제 그만하시고 고참이 기분 좋게 내리는 이 막걸리 한 잔만 어서 받아 드시게!"

"… 죄송합니다. 용서해 주세요!"

일병은 내무반 바닥에 내려와 무릎 꿇고 간절히 간청해 본다. 왕 고참병은 얼굴이 험악해지며 말소리가 높아진다. 내무반 여기저기서 웅성웅성 소란해진다. 상위 다른 고참들이 '그깟 술 한 가지고 고참 비위 못 맞추는 저 자식 쪼다 아니야?'라고 하며 야유와 원성이 전 내무반 분위기가 살벌해진다. 왕고참이 일병의 어깨를 툭 치며 말한다.

"너 아직 사회 물이 덜 빠졌어! 군기가 덜 들었어!"

왕고참은 고함과 함께 손에든 막대기로 배와 가슴을 푹푹 찌른다.

"이 부대 생기고 여태껏 목사, 전도사, 신학생, 어느 놈도 고참이 내리는 이 거룩한 하사 주 안 받아먹고 피해 간 놈은 한 놈도 없었다? 내가 교회에 대해서는 다 알지! 네 놈은 아직 집사, 장로는 아니고 말이야! 술 한 잔쯤은 괜찮아! 자아! 고참인 내가 이렇게 사정할게. 영광으로 알고 쭉~ 욱! 한 잔만 드시게나."

그러나 일병은 여전히 말이 없다. 그는 속으로 하나님을 찾으며 기도할 뿐이다. 분노로 화가 난 왕고참은 일병의 손에든 막걸리 사발을 낚아채어 내무반 바닥에 거칠게 팽개친다. 팍! 하는 소리에 막걸리 사발이 요란하게 깨어지고 산산조각이 났다. 일병은 극도의 공포감을 느낀다. 그러고는 왕고참은 분한지 씩씩거리며 사회자 자리로 돌아간 왕고참은 내무반에 큰소리로 공포한다.

"고참 하명을 거역하는 놈은! 하명 불복종 죄로 능멸하리라! 다들 알았지!"

내무반은 긴장한다. 네놈이 입으로 안 먹으면 내가

머리에 부어주지! 덩치 큰 두 병사를 불러 바닥에 꿇어 앉아 있는 일병의 양쪽 옆에 세우고는 가득 채워진 큰 누런 막걸리 주전자를 들게 하고 내무반 병사들을 향해 큰소리로 공포한다.

"다들 주목해!"

왕고참은 분을 참지 못해 손에 쥔 막대기를 이리저리 바닥에 툭툭 친다. 그리고 내무반을 향해 외친다.

"오늘 이놈에게 막걸리 세례가 있겠다! 영광으로 알거라!"

내무반에는 한바탕 큰 박수 소리가 나고 조용해졌다.

"주상 같은 하명을 어기면 어떻게 되는지! 너희들 똑똑히 보아라. 알았지?!"

"옛!"

병사들은 복창한다. 그리고 왕고참은 큰소리로 두 병사에게 손에 들고 있는 큰 막걸리 주전자를 무릎 꿇고 앉아있는 일병의 머리 위에 줄줄 따르기 시작했다. 일병은 수많은 신앙의 고통을 경험한 자신에겐 매 맞는 것 비하면 이 정도 구박쯤은 자존심 버리고 참아내기로 마음먹었다. 마음속에서는 오기가 일어났다.

'하나님! 꼭! 이 장면을 하나님이 보시고 이기게 하시리라 믿습니다.'

일병 부은 막걸리는 머리를 흠뻑 적시고 얼굴과 목과 등을 따라 내려왔다. 온몸을 적시며 흘러내려 엉덩이와 바지는 술 주머니가 되었다. 눈물 콧물 번복이 되고 숨쉬기가 곤란하긴 했다. 왕고참은 주전자의 술이 다 쏟아질 때까지 계속 예수에 대해 말로 할 수 없는 핍박의 언어들을 쏟아내며 재미있다는 듯 히죽거리기도 하며 비웃으며 조롱한다.

"일병 너의 그 대단한 하나님 한번 찾아봐! 도와달라고 해봐."

일병의 속옷과 겉옷 다 적시고 바닥에 고여 흥건하게 되어 내무반은 막걸리 냄새로 진동한다. 그런데도 지조를 지키는 일병을 보고 왕고참은 말한다.

"야! 이놈 대단한 놈이네! 너 혹시 무슨 백이라도 있냐? 부대장, 연대장, 사단장이 너의 아버지라도 되냐?"

분을 참지 못한 왕고참은 일병에게 드디어 구타를 시작했다. 정글화 군홧발로 차며 손에 쥔 막대기로 머리 어깨 등 닥치는 대로 찌르고 때리며 험악하게 자기 분에 씩씩거린다. 피함도 반응도 없는 묵묵히 받아들인 일병은 술독에서 건져 올린 생쥐 모양이다. 몰골이 군인 모습은 없고 사형장에 끌려 나온 패잔병 같다.

'하나님! 이 시련을 이기게 하옵소서!'

그 순간 마음에서 담대함이 일어나고 일병은 자신도 모르게 두 주먹을 불끈 쥔다. 곧이어 다른 고참병도 합세하여 온 내무반은 일병의 집단 구타의 아수라장이 되었다. 고통조차 느낄 수 없던 캄캄한 순간이었다. 그때 내무반 출입문 쪽으로 멸공 큰 경례 소리가 들리고 주위가 조용해졌다. 눈을 뜰 수가 없었지만, 누군가 소리치는 음성이 들려왔다.

"이거 다들 뭐 하는 거야! 정신 나갔어?"

화가 난 그분의 큰 고함에 내무반은 쥐 죽은 듯 조용해졌다. 처음들은 음성이지만 엄청 높으신 분 같았다. 다들 경직된 그 순간, 내무반장 선임하사는 모기만 한 소리로 답한다.

'신병 군기 좀 잡습니다..."

그사이 나는 여러 병사에 둘러싸여 숨겨져 있었다. 다시 그분의 다급한 소리가 들린다.

"지금 사령관님께서 불시 시찰하러 오신다는데 큰일 났구먼! 빨리 정리해! 이 술 냄새 빨리 제거해!"

큰소리로 명령하는 소리가 엄하게 들린다. 그리고

숨겨진 나를 발견하고 내 앞에 오시더니 묻는다.

"선임하사! 이 병사 이 지경이 되게 한 놈이 누구야? 정신 나갔구먼! 이 병사 빨리 목욕시키고 옷 갈아입혀! 시간 없어!"

그렇게 큰소리로 야단하시고 급히 나가신다. 그분이 나간 후 왕고참은 눈을 흘기며 말한다.

"야 자식! 너 오늘 운 좋다. 내가 졌어! 빨리 씻고 옷 갈아입고 준비해!"

그 한마디 말로 막걸리 세례는 끝이 난다. 일병은 처절한 모습으로 '하나님 감사합니다' 기도한다. 동료 신병의 부축을 받으며 일어나 몸을 씻고 자리를 정리했다. 불시 시찰 후 계속되는 구타로 이어지지 않을까 걱정됐지만 다행히 그날은 잘 넘겼다.

일주일이 지나고 나는 사령부 작전 상황실 중요임무 사병으로 군 복무 직책 명령이 주어졌다. 나는 내무반의 병사들에게 요주의 인물이 되었다. 왕고참으로부터 차후 보복성 구타가 있을 것을 걱정하고 있었지만, 어찌 된 일인지 상위 고참들은 나만 보면 말이 없고 피해만 다닌다. 집단 따돌림이 편하면서도 불안했다. 그때마다 늘 찾는 기도 장소가 있었다. 바로 군 화장실. 나는 화장실에서 하나님을 간절히 찾으며 기도했다. 그러던 어느 날 근무 중 작전상황실 보좌관님이 말씀하셨다.

"일병 너 크리스천이니? 소문이 대단하던데!"

나는 영문도 모르고 '예!'하고 정중하게 대답했다.

"힘들겠지만 군 생활 잘 적응하게!"

그분의 간단한 위로 한마디가 주님의 음성 같았다. 입대 후 처음 듣는 신앙 격려가 가슴에 무거운 걱정 근심이 다 지워주는 느낌이었다. 일병은 기뻐서 감사한 마음 참지 못해 늘 찾는 그곳, 화장실로 달려가 하나님께 감사 기도드렸다. 눈물이 쏟아졌다.

"하나님! 왕따가 된 이곳에 내 편도 있습니다. 감사합니다."

몇 주가 지났다. 그 무서운 왕고참이 내무반 전체집합시켰다. 또 어명을 하달하겠다며 앞에 선 것이다. 내무반 모든 병사는 긴장했다. 나는 지난 일로 인한 긴장을 넘어, '올 것이 왔구나'하고 두려움으로 숨죽여 주님을 찾았다. 그런데 왕고참은 내 귀를 의심케 하는 믿을 수 없는 말을 하는 것이 아닌가?!

"야! 너희들 잘 들어! 예수 믿으려면 저어~ 일병처럼 믿어야지! 여태껏! 우리 부대에 전입해 온 병사 중에 목사, 전도사, 신학생 그것들은 다 가짜 크리스천 들이었어? 잘 들어~ 앞으로 교회는 저 일병이 인정하는 놈만 간다! 알아듣겠나?"

다들 어리둥절하니 왕고참 버럭 소리 높이며 외친다.

"다들 3번 크게 복창!"

"옛! 알겠습니다. 옛! 알겠습니다. 옛! 알겠습니다!!"

우렁찬 소리에 왕고참은 뿌듯해한다. 그러고는 내게 말한다.

"일병! 적과 싸울 때도 그렇게 해! 그 신조 부럽다."

왕고참이 악수를 청했다. 나는 눈시울이 벌게져서 눈물을 흘리며 왕고참에게 사과드렸다. 내무반 병사들에게도 용서를 구하고 사과했다. 일병은 승리의 기쁨보다는 감사의 눈물이 가슴을 두근거리게 한다. 환난에서 건져주신 그 하나님! 왕고참은 제대할 때 나와 각별한 인사를 나누었다. 바로 예수의 이야기로 말이다.

그 후 왕고참은 나와 잊을 수 없는 인연이 되었다. 왕고참이 제대할 때였다. 정문을 나설 때, 멀리까지 배웅 나온 나에게 왕고참은 자기 아버지가 교회 장로라고 고백했다. 그리고 나에게 민간인으로서 사과한다고 하며, 나도 과거를 회개하고 너처럼 새롭게 신앙을 시작하겠다고 약속했다. 서로 눈시울이 붉어지며 아쉬움이 가득한 묘한 이별을 했다.

몇 개월이 지나고 일병에게 사단 군종의 호출이 왔다. 제법 먼 거리에 있는 사단 군종과 사단 교회에 시무하시는 군목님으로부터 특별한 임무를 부여받았다. 사단 군종과 군목님은 주일날은 신도 사병들을 인솔하여 교회로 데리고 오라고 하셨다. 평상시 자대에서도 신자 관리를 잘하고 자대 자체 예배도 직접 인도하라는 군종 하사관의 임무도 당부하셨다. 군종과 군목님으로부터 군종 하사관으로 그날 임명을 받았다. 그다음 주일 사단 교회로 가서 예배 후 많은 장병 신도분의 환영 속에 임명장을 받고 의장이 양쪽 어깨와 이름표 위에도 달렸다. 군종 부사관 증도 만들어 주셨다. 마치 안수받는 것처럼 하나님 앞에서 가장 기쁘고 감격스러웠던 순간이었다. 신앙의 승리감을 느꼈다. 동시에 나는 하나님 아버지께 충실한 종이 되겠다고 처음 다짐도 했다. 그 일을 군목님이 많이 칭찬해 주셨다. 시련의 승리 후에 주시는 하나님의 사랑을 가슴으로 느꼈다.

그때부터 금요일이면 부대 식당에서 부대원 신자 병사들과 예배를 드리곤 했다. 예배 인도는 계급에 상관없이 군종 하사관인 일병 자신이 했으니 늘 긴장되었다. 얼마 지나지 않아 놀라운 일들을 보았다. 예배를 마치고 나면 식당은 기도의 눈물바다가 되는 것이다. 함께 기도한 후 나를 목사로 알고 안수기도 부탁을 받기도 하였다. 그 부탁에 나는 자격이 없는 자라고 잘라 말했다. 그럴 때면 이구동성으로 '그러면 어떻게 해서 그렇게 성경을 많이 아는지요?' 궁금해했다. 나를 목사님처럼 받드는 병사들에게 점점 마음에 짐이 되었다. 그분들에게 의문을 남겨 주는 것보다는 솔직해져야겠다는 생각이 들었다. 하나님과 사람 앞에 있는 그대로 자신을 고백하기로 기도로 결단했다. 어느 날은 예배 후 나의 신앙 간증을 고백했다. 이야기를 다 듣고서는 눈물을 글썽이며 우리도 앞으로 그렇게 신앙생활 하고 싶다는 다짐과 고백들이 이어졌다. 함께 예배드리던 성도들 그 후 더 친밀하게 나를 챙기고 사랑으로 섬겨 주었다. 입대하기 전 신앙이 힘들 때마다 눈물로 읽은 성경 말씀이 예배 인도에 큰 힘과 능력이 되어 주었다. 그러면서 하나님은 앞서 준비하시는 '여호와이레' 되심을 새롭게 느끼게 해 주셨다.

누군가에게 제대 후 신학 공부를 하여 군목이 되라고 권유를 받은 적이 있다. 많은 군목님을 만나 일하면서 기회가 있으면 신학 공부도 생각했던 것은 사실이다. 사단 군 교회는 부대와 너무 멀어서 새벽 기도는 가까운 민간 교회로 나가게 되었다. 새벽 기도드리러 갈 때면 정문 위병소에 근무 장병들이 저마다 기도 부탁을 하였고, 그들을 위해 기도하는 새벽이 내 일과가 되었다. 그렇게 내 기도는 더 길어지게 되었다. 기도 제목은 군이면 누구나 겪는 고향 집 걱정, 부모, 아내, 형제를 위한 내용이었다. 살기 어렵던 그 시대, 장병들은 가정생활을 꾸려가다 입대한 병사들이 대부분이었다. 그 시절은 고향의 그리움보다 두고 온 처자식을 걱정해야 하는 책임감이 병사들의 현실이었다. 나는 하나하나 정성껏 기도했다.

군 복무가 이중 업무로 바쁘고 힘들었지만, 사명이라 생각하고 하나님의 능력으로 잘 감당해 나갔다. 일병은 막걸리 세례로 하나님 유명세를 탔고 덕분에 군 생활도 잘 보낼 수 있었다. 그 막걸리 세례가 일병에겐 잊지 못할 군 신앙생활의 시작이 되었다. 그 기적 같은 일이 지금도 내겐 너무도 생생하다.

응급실의 임종 기도

긴 겨울이 가고 눈 녹는 겨울 끝자락 자정을 넘어 새벽으로 가는 한밤중 다급한 울부짖음의 한 통의 전화가 울렸다. 전화를 받고 응급실로 숨 가쁘게 뛰어가는 안개 자욱한 오르막길의 종종걸음에 숨이 가빴다. 전화기 너머로 들려온 간절한 절규가 머릿속에 울린다.

"우리 문 집사 마지막 가는 길, 기도 한번 해주세요"

전화를 받자마자 응급실로 달려가는 길에 마음이 어려웠다. '나는 기도 외 할 수 있는 게 아무것도 없는데…' 라고 생각하며 짙은 안개 속 응급실에 도착했다. 온갖 약 냄새가 먼저 반겼다. 칸막이가 없는 넓은 응급실에 많은 환자와 보호자들로 복잡했다. 두리번거리는 나에게 누군가가 '장로님!'하고 부르는 소리를 찾아, 한쪽에 구석진 침상 위에 누워있는 환자를 본다. 보호자인 고 집사가 울부짖었다.

"장로님! 의사들이 이제 더는 치료가 없다며 마음의

준비를 하랍니다... 우리 문 집사의 마지막을 장로님 기도라도 받아보고 하늘나라 가게 해주세요. 밤을 넘길 수 없답니다."

그 소리에 순간 죽고 살고를 나에게 의지하는 것이 당황스러웠다. 주위에 있는 가족들은 하염없이 눈물을 흘리고 있었다. 말없이 도착하여 묵상기도 하고 있던 김 장로가 말했다.

"하나님 함께 하소서! 하나님 뜻을 이루소서! 주여! 모두 문 집사님을 위하여 믿음 가지시고 간절히 함께 기도 합시다!"

김 장로의 말과 함께 모인 이들의 기도가 시작됐다. 그 혼잡한 응급실 공간에서 언제나처럼 우렁차게 성령 충만으로 혼신의 힘을 다해 기도드렸다. 얼마나 지났을까? 갑자기 조용해진 분위기에 기도를 멈추고 눈을 떠보니, 환자를 보고 있던 식구들은 놀란 표정이었다.

"살아난다! 살아난다! 장로님! 문 집사가 살아나요!"

흥분된 고 집사님은 말했다. 주위의 시선 집중이 마음에 부담이 되어 얼른 그 자리를 뒤로하고 응급실 밖으로 나왔다. 넓은 병원 정원은 안개 자욱한 이른 새벽 공기가 아직 차가웠다.

'문옥레 집사는 과연 살아나는 걸까?'

하나님께 기도는 해놓고 그 기도가 이루어짐을 진작 본인은 믿지 못하는 자신을 본다. 연약한 믿음을 직시하며 집으로 향했다. 문옥레집사의 임종기도가 어떻게 되었는지 알지 못했다. 궁금해하는 아내에게 대답 대신 함께 기도 하기를 택했다. 다음날 출근하여 일을 하면서도 '문옥레 집사가 살아나셨으면…' 하고 기대하면서도, 그 기도가 교만이 아닐까 생각되어 회개하며 기다렸다. 정오쯤 고 집사한테 전화 연락이 왔다.

"장로님 감사합니다. 문 집사가 살아났어요! 지금 3

층 입원실로 옮겼습니다! 장로님 기도로 우리 문 집사 살려주셔서 고맙습니다!"

그 감사 인사가 불편해 조심스럽게 말했다.

"고 집사님! 문옥레 집사 살려주신 분은 우리 하나님이십니다! 하나님이 고 집사님 간절한 믿음을 보시고 기적으로 문 집사님을 살려주셨습니다! 하나님께 더 많이 기도하시고 감사하세요!"

문옥레 집사 임종기도가 과장되어 보호자들에게 과한 응답으로 표현되지 않게 부탁드렸다. 몇 주 후 문옥레 집사님과 고 집사님이 가족들과 함께 교회에 다시 출석했다. '축하합니다' 인사하는 나에게 문 집사는 빙그레 웃으시면서, 반가운 미소로 인사를 나눈다. 그 일 후로 평안을 찾은 두 집사님의 신앙이 안정되었다. 그렇게 몇 년이 지나면서 그 급박했던 응급실 사건은 잊혀 갔다. 아내를 끔찍이 아끼고 사랑하는 고 집사는 문 집사의 천사 같은 보호자가 되었다. 그 부부는 성도들에게 사랑을 받고 사랑을 베풀며 지냈다. 나중에야 임종 기도를 목사님이 아닌 나에게 부탁한 이유를 듣게 되었다. 이미 목사님은 저녁 늦은 시간에 오셔서 기도해 주시고 가셨다고 한다. 더불어 수년 전 교회 부흥회 새벽 기도 시간에 생긴 연탄가스 사고가 있었다. 그 당시 쓰러진 사람들이 기도의 기적으로 깨어났던 것을 직접 목격한 일이 순간 떠올랐고, 그때 함께 기도했던 김 장로를 찾아야겠다는 마음이 들었다고 한다.

이후 나는 가정사로 먼 타지로 이사를 하게 되어, 고 집사와 아쉽게 헤어지게 되었다. 한 번씩 문 집사의 안부를 궁금해하며 잊지 않고 기도했다. 시간이 꽤 흐른 어느 날, 문 집사가 천국에 가셨다는 것을 전해 들었다. 응급실 기도를 한 이후 7년을 더 살다가 비로소 하늘나라로 간 것이다.

첫 봉급을 전부 바치는 마음

남파된 김 신조 때문에 34개월의 긴 군 복무를 끝내고 찾은 고향은 파릇파릇 보리싹이 돋아나는 계절이었다. 이른 봄의 들판은 포근하고 아름답고 평온했다. 한적한 언덕 위에 있는 교회로 주일예배 가면서 창조주께 감사의 마음을 아뢴다.

여전히 신앙의 자유가 없는 문중 가문의 환경은 마음을 고달프게 했다. 그럴 때면 이곳을 벗어나고 싶은 심정이 간절해졌다. 나는 그 간절함을 토대로 신앙의 자유를 누리기 위해 타향살이를 결심했다. 독박골 산동네를 거쳐 월계동 허허벌판 산 아래 허술한 창고 같은 공장에 취직했다. 공장은 기술을 배워야 한다는 이유로 약 1년간 무급으로 의식주를 지원해 주는 곳이었다. 이후 유급으로 바뀐다는 조건과 더불어 주일은 오전 예배를 지킬 수 있음을 약속받고 취직했다.

아침 청소로부터 시작해 솔선수범 기도하는 마음으

로 성실하게 근무하였다. 수개월이 지나 사장님은 나를 부르시더니 다음 달부터 얼만지 모르지만, 봉급을 주시겠다 하였을 때의 기쁨이란! 그날 하나님께 감사기도를 드리고 월급날이 기다려져 하루하루가 느리게 흘러가는 듯했다. 손꼽아 기다려 받아 든 봉급은 액수를 떠나 행복했다. 그것도 잠시 청년은 생각에 잠겼다. 십일조를 내야 할까, 첫 열매를 내어놓을까 고민이 되었다. 기도 후 주일예배에 월급 전액을 하나님께 드리기로 정한다. 일평생 살아가면서 처음 것을 하나님께 드림이 신앙적 축복으로 이어짐을 믿었다. 처음 드려보는 헌금, 떨리는 손으로 하얀 봉투에 또박또박 글을 적었다.

'하나님의 것, 첫 봉급을 하나님께 드립니다.'

글을 쓰고 나자, 마음 한쪽에 남아 있던 약간의 갈등은 모두 사라졌다. 기다리던 주일 아침 성경책 위에 봉급을 넣은 헌금 봉투를 올려놓고 두 손 모아 하나님께 기도드리고 즐겁게 교회로 갔다. 그날 저녁, 예배가 모두 끝난 후 목사님께서 잠시 좀 뵙자고 말씀하셨다. 자그마한 시골 교회지만 아늑한 분위기 있는 예배당 의자에 앉아 목사님과 마주했다.

"김 선생, 낮 예배에 드린 헌금이 봉급 전부인데 생활은 어떻게 하시려고. 김 선생님의 드린 그 첫 열매 드림은 이미 하나님이 받으신 것입니다."

헌금 일부를 돌려드린다며 목사님께서 조심스럽게 봉투를 다시 건네신다. 순간 다시 받는 게 맞을지 고민이 되었다. 그러나 나의 고집이 목사님과 교회에 짐이 될까 생각되어 순종하기로 했다. 월계동 농촌 마을 동산 밑에 자리한 아담한 시골교회 그곳에서 나는 교회의 신임을 얻고 총각 집사가 되었다. 이후 객지 생활하는 나를 향한 큰 사랑의 위로와 도움을 주셨다. 교회와 목사님을 섬기며 많은 신앙 경륜과 섬김의 지혜를 쌓게 되었다.

그쯤 교회 성도들의 권유로 청혼이 많이 들어왔다. 그러나 총각 집사 자신의 배경인 유교 사상의 종갓집 종손이라는 가정환경 때문에 쉽게 받아들일 수 없었다. 귀하고 아름답고 믿음 좋은 자매님을 종갓집 가정을 구원하는 고난의 십자가를 같이 지고 가자고 고백할 자신이 없었다. 그러나 총각 집사 역시 믿음의 가정에 지혜로운 배우자를 얼마나 소원했는지 하나님만 아시는 일이었다. 사라같이 믿음 좋고 예쁜 아내를 위한 배우자 기도를 한 지 오래며, 교회 직분의 사명도 순종하는 마음으로 충성되게 최선을 다해 즐겁게 섬겼다.

예상치 못한 이사로 다니던 교회를 떠나야 하는 때가 찾아왔다. 그 일로 마음이 몹시 아프고 힘들었다. 아름다운 교회와 목사님과 사랑해 준 성도님들과 눈물의 인사를 해야 했다. 아쉬운 헤어짐 뒷면에는 스스로 당당하지 못했던 비겁함을 느꼈다. 자신이 없어서 마음을 솔직하게 표현하지 못했던 이유다. 그래도 사랑이 많으신 하나님은 나의 배우자 기도를 들어 주셨다. 돕는 배필을 만나 유교 종갓집 종손 가족 구원하고 처갓집 구원하고 양가 일가친척들에게 선교의 사명 다 이루게 하셨다.

세월 지나면서 결혼도 하고 가정을 이루어 살면서 하나님께 드린 첫 열매는 말씀의 약속대로 부요하게 누리며 살지는 못해도, 하나님께 감사함으로 봉헌하면서 필요한 것 주시는 은혜로 부족함 없이 살아 내게 하셨다. 세상 보험은 죽기까지 보험금 넣고 찾지도 누리지도 못하고 죽음을 맞이한다. 약속의 말씀을 믿고 따를 때 하늘나라 갈 때까지 일용할 양식을 채워주시는 하나님! 이것을 믿고 살아간다.

2부

그리움이
사모함이 된 예배

그 기도가 믿음임을 알지 못했다

칠흑같이 어둠이 덮고 있는 허허 들판에
석고처럼 서 있는 한 사람
누가 그곳에 불렀는지 알 수 없지만
두 눈에 흐르는 눈물은
양 볼을 적시고 턱에 맺히네.

보는 이가 있다면
밤하늘 빛나는 수많은 별이 보고
듣는 이가 있다면
물개로 흐르는 물소리가 듣고
살아 있어 보는 이가 있다면 그분
내 마음 가슴 깊은 곳에 계신 주님.
헤아릴 수 없는 슬픔으로
드릴 말씀 너무 많구나.

내가 가진 외로움이 너무 커서

무릎 꿇고 흐느끼는 그 모습뿐이네.

하나님 보고 싶습니다

하나님 내 모습이 어떠합니까?

소리 없는 외침

그 눈물의 기도 외에는 표현할 수 없어

어깨 들썩이며 흐느끼는 몸부림이 다였네

그 씨름이 나에겐 어둠의 벽과 같구나.

무슨 대답이

어떤 그 진리가

여기 있는 것 같지만

무엇이 그 씨름 멈추게 할지 알 수 없어 답답해진다.

아직은 나의 자아가 너무 커서

세상 속 공허함을 이기지 못하네.

무엇이 그렇게 고독하게 하는지
어린 아이 같은 신앙은 알 길이 없다.
홀로 울고 있는 그 들판
그곳에 하나님이 있는데도
나는 외롭다고 떼를 쓴다.
그분이 내 곁에 와 주셨는데도
외롭다고 울어 댄다.

주님께 외치는 나의 울부짖음
그 기도가 믿음임을 알지 못한채
오늘도 나는 그분 앞에서
목이 멘다.

자유 있는 예배 가는 길

소년의 아버지가 계시지 않는 주일 날은
가슴이 두근거리며 행복하게 예배 가는 길.
쟁기지고 소 몰고 가는 농사길 따라
파릇파릇 새싹이 입 내민 보리밭 사이 따라
저 멀리 지평선 따라 아지랑이 피어오르고
이름 모를 새싹들이 돋아있는 재방 길 따라
들판에서 불어오는 시원한 봄바람 반겨주는
콧노래 부르며 예배 가는 길.

졸졸졸 물 흐르는 개울을 건너서
봄바람 맞으며 꼬불꼬불 언덕길 올라서서
파란 하늘 뭉게구름 흘러가는
신나고 즐거운 예배 가는 길.
땡그랑 땡, 땡그랑 땡,
종소리 울리는 교회가 보이고

윗동네 아랫동네 흩어있던 동무들이
손 흔들며 반기고 웃으며 손잡고
자유롭게 즐겁게 웃으면서
예배 가는 길이 너무 좋구나.
예배 가는 길이 오늘 같으면
얼마나 좋을까
자유 있는 예배 길이 너무 좋구나.

간절함이 희망이고 위로가 된다

엄마 잃은 어린아이의 애달픔,
소년은 그 마음을 알고 있다.
먹고사는 것이 힘든 궁핍한 이 땅에서
믿음의 자유를 찾고자 떠나온 집.
취직하면 신앙이 자유로울 줄 알고
기뻐했던 철없던 과거.
하나님은 기도의 응답으로
사회인이 되게 해 주셨지만
생각 없이 받은 취직은
또다시 예배를 잃게 만들었다.

잘려나간 교회와
예배 잃은 슬픔으로
영혼은 더욱 황폐해져 갔다.
낯선 공간에서 마주한

예배 없는 일요일
그 순간이 얼마나 허망하고 애가 타는지
떠나서야 느끼는 초조함과 안타까움을
하나님만 그분만 이해해 주신다.
소년이 마주한 세상은
쓸쓸하고 두렵고 어둡다
한 순간의 선택이 암담하여
하나님을 부르며 애가 탄다.

후회와 반성으로
시린 가슴을 붙잡고
이름 모를 숲 속에 흘리는 눈물
환영받지 못할 집에는 돌아갈 수 없고
세상에 속하지 못하는 나그네
하늘 아래 외톨이가 된다.

고아가 된 이들은 긴 한숨을 몰아쉬고
절박함으로 하늘만 하염없이 바라본다.
잃어버린 예배가 가슴 아프고 안타까워
하나님만 찾고 있다.

세상 다 주어도
하나님 없이 못 살 것 같아

기도 중에 떠오르는 한 사람, 다윗
양치는 목동이 그립고 부럽구나
'하나님! 나도 양 치는 곳으로 데려가 주세요'
밤이 새고 또 밤이 지나간다
보이지 않는 막연한 그분이지만
하나님을 믿고 또 믿고 싶다.
그 간절함이 희망이고 위로가 된다.

마음의 예배는 가슴에 메인다

고향을 떠나온 지 몇 개월

교회도 예배도 없는 곳에서 외로운 싸움.

이름 모를 첩첩산중 울창한 숲과

하늘만 보이는 공사 현장

감옥 같은 현실이 암담해진다.

세상 어디 가도 교회는 있고

예배가 있는 줄 알았던 소년

철없는 선택이 이토록 숨 막히게 할 줄 모르고

고향이 그리우면 찾아나 가겠지만

예배의 그리움이 내 마음 까맣게 타는구나.

하나님, 도와주세요

불러도 대답 없고

찾아도 볼 수 없으니

나날이 지쳐 가는 절망감에 한숨뿐
소년은 예배가 그리워서 눈물짓는다.
무능한 자기 모습이 야속하고 미워진다.
예배의 그리움이 이토록 지치고
초라한 모습으로 되어
눈물 나게 할 줄은 미처 몰랐네.
예배가 그립습니다.
소리라도 외치고 싶다.

주일인 오늘도 가슴속 애타는
그리움의 현장 예배로 해가 진다.
속 타는 가슴앓이는 언제 끝이 날까
주님 찾아 예배 찾아가는 길이라면
험하고 힘들어도 어디든 가겠노라고
중얼거리며 용기를 내어본다.

남몰래 숨죽여 하나님을 불러보는 예배자가 된다.
공사 현장의 매캐한 먼지 속
그리스도의 향기를 찾아
마음으로 드리는 예배

사모함은 그리움이 되어있네
그리워 그리워
너무도 그리워서
마음 속에 예배가 가득찬다.

종탑 십자가의 부르심

산 넘고 산 넘어
높은 등선에 올라서니
해 질 녘 노을이 굽이굽이 산허리를 감고 있네
등선에 홀로 서서 멀리멀리
눈을 들어 산을 보라 나의 도움이 어디서 오나?
노을빛 비치는 태양을 만들고
저 산들을 만드신 하나님
가나안 땅을 바라보는 모세를 생각하니
전능자로 향한 시선에 걱정 근심 사라지네.

아득한 저 멀리 희미하게
시야에 들어온 낯익은 그 빛
그립던 교회당 종탑의 십자가
지는 노을에 반짝이며 나를 부르네
그 음성 들리는 듯 반가워

소리 없이 쏟아지는 눈물은

나의 양 볼을 타고 흘러내리네.

어느새 턱밑으로 떨어지는 눈물방울은

발 밑에 쌓인 낙엽에 뚝 뚝

서럽게 울어 본 적 없는 화환의 울음 같구나.

저 멀리 종탑의 십자가를 바라보며

소리쳐 그분을 불러보지만

돌아오는 소리는 산울림의 대답뿐이네.

기울어진 해가 종탑의 십자가에

애처롭게 걸려 있을 때

들려오는 반짝이는 음성

"아들아! 아들아!

너는 거기서 무엇을 하고 있느냐고?

네가 있어야 할 곳은 여기 같은데!"

나를 부르시는 목소리
알 수 없는 그 따뜻한 음성
내 귀를 의심케 하는구나
해가 지고 어두움이 내리니
눈물은 기도로 바뀐다.
떠나온 교회와 예배 생각에
그리움을 토하는 기도는
산울림으로 메아리친다.

"하나님! 그곳으로 나 좀 데려가 주세요!"
소리 높여 산울림은 반복된다
"예배 있는 그곳으로 나 좀 데려가 주세요!"

그날의 기도는
그 고백이 전부였네.

그 길의 끝을 알 수 없을지라도

보기만 하여도 가슴 두근거리는
따뜻한 위로의 주홍빛
종탑의 십자가는
나를 향해 부르는 듯하다.
매일 같이 찾고 부르짖는 나의 주님
산울림으로 들려오는 기도의 메아리가
내 귀에 다시 닿는다.

인적이 없는 첩첩산중
하늘엔 별
땅엔 어둠과 나무숲
그리고 나무들로 우는 바람 소리
홀로라는 것이 너무 슬프고 외롭고 두렵다.
저 이곳을 도망갑니다.
나 여기서 도망가겠습니다.

온 마음 다하여 이곳을 벗어나겠습니다.
두려움은 달리는 길의 끝을 알 수 없게 하지만
암담한 현실이 지나니
그날의 기도는 용기의 결단이 되어 있었다.

어느 새벽 미명 속
소년은 십자가 있는 곳으로
어둑한 현장을 벗어났다.

독박골 바위산의 친구

독박골 산 정상에 밤하늘 지붕 삼아 바위 위에 앉자
머리 위에 둥근 달이 떠 있다.

휘어 청청 밝은 달아
너도 혼자 나도 혼자
너는 하늘 나는 땅에서
마주 보는 이곳은 하나님 주신 내 집 같구나.
넓은 멍석 같은 바위 위에 비치는 너의 달빛은
어둠을 쫓아내기에 충분하여 성경도 보겠구나.
이따금 산 아래서 불어오는 청솔 바람이 썰렁하여
외롭던 아들에겐 쓸쓸하게 느껴진다.

산 아래 저 멀리 반짝이는 가냘픈 불빛들은
삶에 지친 불광동 사람들의 보금자리 위에
고뇌를 풀어주는 따뜻한 위로의 불빛 같구나.

반짝반짝 반짝이는 불빛 속에

유독 마음이 끌리는 십자가의 불빛은

고독하고 쓸쓸한 외로운 나에겐

언제 보아도 따뜻한 위로의 품이 되고

하나님이 만드신 산 정상에서

바위 평상에 누워 하늘을 본다.

대낮 같은 둥근달이 내 얼굴을 비추니 너무 좋아

콧노래 흥얼대며 하나님! 하고 불러본다.

둥근 달 친구와 함께 밤하늘 수놓은

수많은 별 무리의 은하수가 흐르고

이곳저곳 큰 별들이 반짝이며 웃어주네

달도 내 친구

별도 내 친구

외롭던 어두움이 사라지고

자신도 모르게 음치인 나는 흥얼흥얼 소리도 낸다.

가라는 사람 없고 보는 사람 없는

바위산 정상에 평상 같은 바위는

내가 누워 마루가 되고

별들이 노래하며 수놓은 밤하늘은 지붕이 되어

달빛 가득 비추니 등불이 된다.

불어오는 산솔 바람은 창문이 되어 시원하구나

여기서 그분 한번 보았으면 얼마나 좋을까

언제나 나와 함께 있으면서도

볼 수 없는 아버지를 향한 아쉬움만 커진다.

하나님을 찾는 자유가 그리워

갈 곳 없이 고향을 등진 이 아들은

독박골 바위산 정상에서

하나님이 만드신 피조물들로

별들의 미소와 달빛으로

하나님 아들은 위로받습니다.

수많은 풀벌레 소리 귀뚜라미 합창으로
오늘 밤도 외롭지는 않았습니다.
밤이슬 눅눅해진 옷깃을 여미며
긴 기도 뒤로하고 일어납니다.
하나님, 내일도 둥근달 앞세우고
은하수 별들과 함께 오세요?

알 수 없는 풀 벌레와 귀뚜라미도 올 거랍니다.
고개 숙여 돌아서는 뒷모습은 쓸쓸함이 남아있네.

바위산 둥지 나그네가 되어

서쪽 하늘 붉은 노을이 희미해질 무렵
땅거미가 내려앉는 밤이 오는 길목
이 땅의 사람들은 오늘을 뒤로하고
둥지 찾아 바삐 가는 저녁
세상 누구에게나 있는 안식처
없는 이는 구슬프게 운다.
땅끝에 어두움이 내려앉으면
서글픔이 밀려오는 바위산 둥지 나그네
이곳저곳 서성이다
마음 정했던 그곳 바위산 둥지
별과 나무와 노을이 친구가 되어 준
자연의 경이로움과 함께한 약속의 시간
소년은 허전함 물리치고
둥지 된 곳을 향하여
독박골 바위산을 오른다.

꿇은 무릎에 밤이슬을 맞을 때까지

풀벌레와 귀뚜라미는 오르는 길목에서
들려오는 환영의 노래를 듣고
숲속 오솔길을 따라 얼마를 지나서
비탈진 바윗길을 올라 바위산 정상에
창조주가 만드신 바위 평상 둥지가 보인다.
평상 같은 바위 마루에 앉자
나그네는 감사의 기도 드린다.
장막을 옮길 때면 언제나 먼저
정착기도 드린 아브라함처럼
평평한 바위 마루 걸터앉아
하늘 한번 땅 한번
하늘 친구 땅 친구

나도 왔다
인사하는 청솔 바람이 얼굴에 스치고

오는 길 힘들었다며 부드럽게

이마에 땀 닦아주며 반갑게 반겨주네.

지나가는 구름 속 달 친구는

숨었다 보였다 얼굴을 내밀어 인사를 한다.

달빛에 비치며 흘러가는 옅은 구름 사이사이

초롱초롱 별 친구들도 인사를 한다.

밤하늘엔 밝고 밝은 둥근 달이 떠올라 있다.

반짝반짝 별들이 수놓은 은하수가 흐르고

반짝이는 별 무리를 지나는

옅은 구름은 보기도 아름답다.

검푸른 하늘에 달빛 별빛 빛 추어

흘러가는 구름 따라 그려내는 그림자

바위산에 드리우면 하늘 한번 땅 한번

그림 같은 감상은 영화 스크린이 따로 없네

달빛 아래 바람에 밀려가는 저 구름

지나가는 흐름 따라 지는 그림자는
움직이는 그림 같아 신기하구나.
풀벌레와 귀뚜라미 합창으로 음향을
더하니 한 폭의 스크린은 더욱 실감이 난다.

달빛 그림자 지워지니
휘영청 밝은 달에 계수나무 보이네
바위산 둥지에서 검푸른 밤하늘
우주 공간에 달 친구
은하수에 별 친구들
바람 따라 밀려가는 구름 친구
산야의 청솔들이 지켜보는 가운데
여기저기 풀벌레와 귀뚜라미 친구들이
외로운 나와 함께 소리 내어서
하나님께 드리는 통성기도로

위로를 느끼며 외로움을 지워간다.

하나님께 긴히 드릴 말씀 있어

멍석 바위에 꿇어앉은 기도는 밤이슬을 맞는다.

밤이슬에 축축한 바위 마루 만지며

아들은 내일을 아버지께 맡기고

둥지의 아쉬움을 뒤로하고

밝은 달빛 안내로 산길을 내려간다.

숲속 오솔길 따라 별빛 달빛

귀뚜라미 풀벌레 친구들은 위로하지만

나그네는

산 아래 세상의 암담함과 외로움이

마중 나온 산길을 내려온다.

나를 알고 계시다 말씀 하시네

온 동네 일가친척
내 부모 내 형제
그리고 동네 친구들
예수 믿는 나를 이해하지 못하여
모두 나를 보며 서양 귀신 들렸다고
악한 귀신 들린 자로 외면당해 있을 때
죄인처럼 은둔으로 지내야 하는 자신이 억울해서
끝없이 펼쳐진 구만 들녘 광활한 들판에서
야곱이 무릎 꿇고 기도하듯
버림받고 억울한 자가 되어
한없이 눈물로 기도하는 중
찾아오신 그 주님
세상 사람들이 너를 이해하지 못해도
내가 너를 안다.
내가 너의 아버지다.

깊은 곳에서 들려오는
주님의 음성을 가슴으로 들었다
1974년 6월 보리밭 들녘 보리밭이랑 속에서
들리는 그 음성에 다짐한다

'나는 하나님만 보며 살리라'
주님의 능력으로 살게 하옵소서
가슴에 새긴 그 언약은
'주님이 나를 안다'가 전부였다

그날 이후 고난이 찾아올때면
그 언약을 생각하며 이겼다.
원수가 대적할 때
힘든 시련이 찾아올 때
그 언약의 기도는 방패가 된다.

오늘도 그 음성으로 살아낸다.
잘 살아왔다고는 못해도
주님 앞에 힘써 살다가
아름답게 주님 곁에 가고 싶다.

나의 방패요
나의 상급이신 하나님 아버지

'내가 너를 안다!'

가시가 찌르는 고통과의 씨름판

하나님은 야속하시다.
아들은 솔직히 섭섭합니다.
때로는 투정 같은 원망을 하곤 한다.

사람이 누워서 잠잘 수 있는 것이
얼마나 감사한지 누가 알겠는가
내 앙상한 등뼈 벽에 기대어 조용히 눈을 감고
조심히 단잠을 청해본다.

피곤해 잠이 들어 옆으로 쓰러지면
고통의 가시는 나를 다시 벽에 기대 세운다.
일어나고 쓰러짐의 반복이 힘들어
원망 어린 투정이 절로 나는구나
나, 이대로 주님 나라 가고 싶다며
울분 섞인 기도를 드려본다.

기도 중에 잊었던 은혜를 다시 보게 하고
연약한 믿음이 부끄러워 속상한 눈물을 흘린다.
길고 긴 가시가 찌르는 고통과의 씨름판이
어느새 밤이 새고 창밖이 밝아온다.
괴로운 밤이 가고 새날이 밝아 와도
가시 찔린 그 육신은 그대로
긴 한숨 몰아쉬며 아침을 맞이한다.

"오늘도 호흡이 있어 감사합니다"

아들에게 지병으로 주신 가시는
때로는 나를 힘들게 했지만
일평생 기도의 제목이 되어
하나님과 가까이 있게 했습니다.
그것이 감사하여 아들은

고난의 십자가 병상에서
감사의 고백 기도 드립니다.

또 다시 해가 지면 고통의 밤이 올지라도
이순간을 감사하며 보낼 수 있게 도와주세요.
세상 걱정 근심은 여전히 사그라들지 않고
사랑하는 하나님이 있는 그 나라를 꿈꾸며
이 병원을 나서길 간절히 기도하며
주님 손에 삶을 맡긴다.

병상에서 배운 순종

가시야
가시야 내 친구 가시야!
그만큼 했으면 멈추면 안 되겠냐?
오십 년이 넘게 이 몸을 찔러왔으니
이젠 내 편이 되어 같이 가자꾸나
너로 인해 받은 선물로
나의 몸은 피골이 상접하구나.
하나님이 주신 육신의 몸은 뼈만 남아
가슴은 기타 줄이 되었고
팔다리는 앙상한 막대기 같구나.

가시야
가시야 친구 같은 가시야!
궁금한 것이 있단다.
하나님은 무슨 이유에서

너에게 명하여 나의 육신에 붙어 있어
찌르고 찢기를 허락하시더냐?
가시에 묻고 싶은 불평의 마음이 일어난다.
분수 넘치게 고통의 육신 벗어나
나를 그곳으로 데려가시면 하고
불순종의 기도로 묻기도 자주 한다.

가시야
가시야 친구 같은 가시야!
너로 인해 한 가지 배운 것 있다면
밤새워 기도하며 주님과 친구 하는 것
너와 나의 긴 씨름판이
인생의 너무 후편에 와있는 같아
때로는 너와 함께 기도 중에
부르심을 입는 죽음의 축복도 기대해 본다.

그때는 천국 가서 친구 가시에 고맙다고 하마
믿음으로 건강하여 주님의 일하다
복 있는 부르심으로
주님 나라 가는 것이 소원이지만
그것이 내 마음대로 되는 것이라면
진리가 아니지 고백한다.

고통이 힘들어도
가시와 함께 가는 것이 십자가의 길
하나님, 그날까지 참고 갈 수 있게 도와주세요.
영광스럽고 자랑할 것 없는
잡초 같은 인생일지라도
주님과 함께 가시와 씨름하며
살아온 초라한 삶이 부끄럽지만
저는 후회하지 않습니다.

육신이 연약하여 토기 같은 그릇에 주님을 담고서
오늘 여기까지 온 것으로 감사합니다.
남은 삶이 가시의 고통으로
힘들고 괴로워도 주신 십자가 지고서
하나님께 섭섭하지 않게 아름답게 살다 가겠습니다.
주님이 주신 마음입니다.

있는 그대로 감사합니다

육신이 건강하다고 자랑하지 말아요.
나는 건강하니까 자부하지도 마세요.
교만이 그것을 빼앗을 수도 있으니까요.
부유하다고 목에 힘주지 마세요.
목 곧은 백성은 천국에 유업이 없으니까요.
권세 있다 하여 약자를 억울케 하지 마세요.

그 권세 없어지는 날
절망이 당신을 슬프게 할 테니까요.
명예 있다 하여 폼 잡고 유세 떨지 말아요.
그 명예 떨어지면 좌절이 당신을 괴롭게 하니까요.
지식이 높다 하여 무식한 자를 기만하지 말아요.
그 지식이 당신을 외롭게 할 수도 있으니까요.
누구에게나 공평한 그 젊음이 있다고
늙은이를 농락하지 말아요.

늙은이 후임자로 당신도 지금 늙어가고 있으니까요.
모든 것을 가진 자라면 하나님에게 감사하세요.
그 행복 오래오래 갖고 있기 위해서라도
더욱 감사하며 십자가의 도를 배우세요.
그리하면 그 많은 복이
당신 곁에 머물 수 있기 때문이죠.

그중에 내게 한두 가지 복이라도 있다면
더 감사하세요.
그것이 더 많은 복의 출발이니까요.
나에겐 그런 복이 하나도 없다 하여
기죽거나 슬퍼하지 마세요.
자신이 하나님 앞에 있는 그것에 감사하세요.
천하보다 귀한 자로 천국의 상속자니까요.
하나님의 복은 보이는 것으로 아는 복보다

보이지 않는 복이 더 크고 고귀하니까요.

하나님의 자녀라면
그것에 감사할 수 있는 자가 되세요.
천국에 많은 상급이 당신을 기다리고 있으니까요.
나에게 있는 그대로를 감사합니다.
그 감사를 받으시는 하나님!
그 감사의 고백이 만복의 복이요.
만병의 치료랍니다.
감사의 인색함은 피조물로서 죄랍니다.

하나님 감사합니다.
이 고백이 전천후 신앙의 기도랍니다.
내게 호흡이 있어 감사함이 전부가 됩니다.

수락산의 옷 자락을 마음에 품고

산아!

수락산아!

산중에 산 수락산아!

수천 년 그 자리에 솟아 있는 산봉우리는

굽이굽이 산자락이 옷자락 같구나.

산자락에 피어있는 푸른 옷감은

사철마다 다르니 그 모습이 아름답구나

봄이 오면 너의 옷이 연둣빛에 물들고,

여름이면 검푸른 실록의 옷감이 신비롭구나

가을이면 알록달록 단풍 옷이 너무 곱더라

겨울이면 소나무 푸른 점박이로 눈 덮인

하얀 설산이 눈부시게 아름다워, 보고 또 보았다.

수락산아

너의 옷 갈아입히시는 전능자

그분이 누구신지 나는 알고 있단다.
추악한 인간들은 네가 보여주는
아름다움의 고마움도 모른 체
너의 가슴 후벼 파고 터널을 만들어서
달리는 쇳덩어리 쉴 새 없이 뿜어대는
시커먼 매연으로 너의 속이 시커멓고
새까맣게 얼마나 괴롭겠냐
그 고통 숨기고 예쁘게 단장하는
너의 산자락을 보면서
너 가슴에 뚫어놓은 그 터널 통과할 때 미안하더라

산아! 산아! 수락산아
속이 썩고 아파도
네가 보여준 아름다운 그 모습은 변화무쌍하여
사시사철 내 눈이 즐거워서 감사한단다.

보는 눈이 즐거우니 마음도 즐겁구나
수락산이 받드는 파란 하늘 위에 계신 그분
하얀 뭉게구름 불러 모아 봉우리와 산자락을
쓰다듬고 가게 하시니
그 모습도 한 폭의 그림 같다.

피고 지고
피고 지고
그 후엔,
나도 지고

먼 훗날 누군가는 수락산의 옷자락을
마음에 그리겠지
그때도 그분에게
너의 그 아름다움 보여 주거라.

그분 앞에 아름다워지고 싶다

있고 없고

많고 적고

나고 죽고

그분의 창조와 섭리는 진리 속에 역사

가난한 집 쌀독이 하루하루 줄어간다.

얼마나 남았을까,

보는 그 마음 아시는 그분

눈 덮인 추운 겨울날 난방 기름이 타들어 간다.

그 기름통 바라보며 애써 한기를 참는

그 마음 아시는 그분.

사랑하는 사람과 이별의 남은 시간이 다해간다.

열차표를 보면서 애간장이 녹아가는

그 마음 아시는 그분.

세월의 역경 속에 해묵은 소달구지에서 덜커덩

수명이 다하여 남은 길을 가며 애가 타는

그 마음 아시는 그분.

황혼에 들어선 병약한 육신은 해묵은 소달구지처럼

수명이 다하여 헐떡헐떡 숨이 가쁘다는 것

그분도 아신다.

인생이 아끼는 것으로 보상이 된다면

얼마나 좋을까 하고

피조물의 주인이신 그분에게 반론도 해본다.

인생의 하루하루 잘려가는

그날이 아쉬움으로 느껴질 때면

세상에 왔다가는 인생의 끝자락을 바라보며

많은 생각을 하게한다그분이 주신 내 날이

얼마나 남았는지 아는 이가 있을까?

그 순간엔 이미 인생의 시간에

가난한 자가 되어있는 자신을 보게 한다.

그래서 마지막 끝을 알 수 없음이
그분에게 감사하게 한다.
애써 생의 끝자락이라도
하나님 앞에 아름다워지고 싶다.
황혼의 남은 시간에
가난한 자가 되어 젊음이 부러워질 때면
병약한 자로 사는 것이 옛날 같지 않다.
짜증 나고 실망하여 속상해하기보다
다 겪어본 건강한 젊음이 아니든가 하고
아름다운 추억을 음미하며
있는 그대로 감사하며 편하게 살기로 다짐해본다.
사람 의식하여 괜찮은 척,
안 그런 척, 연기자로 사는 것보다
허실의 옷을 벗어 던지고
자신의 그대로가 더 편하고 아름다운 모습으로.

영육이 분리되는 그날

동녘 하늘에 떠오르는 태양의 일출도 장관이지만
서산에 기우는 지는 해도
노을빛에 고상하고 아름답더라.
연초록 새싹도 아름답고
울창한 숲도 풍요롭지만
마지막 고운 색동으로 몸단장하고
곱게 지는 낙엽은 더욱 아름답더라.

생의 남은 끝자락을
진실의 아름다움으로 자신을 단장하고
고운 모습으로 하나님 앞에 보여드리고
피조물이 왔다가는 없어짐의 진리 따라
하나님 앞에 환한 웃음으로 마지막 날을 보고 싶다.
영육의 분리되는 그날
그분 앞에 아름다워지고 싶다.

그 모습을 닮고 싶은 친구 나무

나무야

나무야

푸른 나무야!

어제 보고 오늘 봐도 친구 같은 나무야

보고 또 보아도 싫지 않은 아름다운 나무야

다정하고 부드러운 싱그러운 나무야

언제 봐도 반겨주는 친구 나무야

심지도 않고 물 주지도 않았는데, 어찌 그리 고우냐

보기 좋게 사이좋게 서로서로 어울리는

정겨운 그 모습이 더더욱 아름다운 친구 나무야

물주시고 빛 주시며 가꾸시는 그 분

하나님께 감사하는 친구 나무야

아기 나무, 엄마 나무, 아빠 나무도

사이좋게 온 가족이

하늘 향해 웃고 있는 가족 나무야

바람이 불어오면 서로서로 비비면서
사이좋게 가지는 춤을 추고 소리도 내는구나
가족 나무 소리 내어 하나님 찬양하네
산야에 푸른 나무 하늘에 입 맞추고
주님 향한 그 모습이 너무도 아름답다.

같은 하늘, 같은 땅에, 함께 사는
내 모습이 부끄럽구나
나무들아! 나무들아!
땅에 서서 하늘 보며
흔들흔들 가지들은 춤을 추고 푸른 잎 노래하는
바람 앞에 서 있는 네 모습이 너무 좋구나
여기 서 있는 나도
그 모습 닮고 싶은 친구 나무야
더러운 것 삼키고 좋은 것 뿜어내는

친구 나무 보면서

좋은 것은 삼키고 더러운 것 토해내는 인간으로서

나 자신이 부끄러워 친구 나무 앞에서 숨고 싶구나.

나무야! 나무야!

친구 나무야

언제 와도 언제 봐도 아름답고 즐거움 주는

친구 나무야

너만 보면 내 마음이 너무 좋구나

오늘도 너를 보며 근심걱정 다 지우고

손 흔들며 웃고 간다

친구 나무야!

산기슭에 쏟아낸 눈물 가방

가슴에 마음의 눈물 가방 가득 지고 산에 올라
남몰래 그분 앞에 선다.
산속에서 쏟아버리고 싶어서
실록의 산자락이 굽이굽이 펼쳐진 산기슭에 앉아
실록의 산야를 덮고 있는 하늘을 바라본다.
맑은 하늘 위에 솜털처럼 아름다운 하얀 뭉게구름이
가는 줄도 모르게 가만가만 조용히 흘러간다.
파란 하늘 하얀 뭉게구름 사이 보일 것 같은 그분
그분이 타고 올라가신 뭉게구름 사이사이
그 속에 주님 얼굴 보이나 눈 크게 뜨고 찾아본다.
육신의 눈으로 볼 수 없는 영이시기에
파란 하늘 흰 구름 위에 마음으로 그린 주님 얼굴
주님 얼굴 그려놓고 침묵한다.
소리 없이 불러보니
주님은 지극한 관심의 눈으로 나를 보고 계신다.

마음으로 그린 주님의 모습
살아온 인생이 열매가 없어 부끄럽습니다.
회개하는 마음으로 살겠습니다 도와주세요
이룬 열매 없어도 하나님은 내 편이시니 주님 은혜라
그때 들려오는 따뜻한 위로자의 목소리.

아들아 지고 있는 눈물가방 비우고 십자가를 채워라
네가 어린 시절 어렵고 힘들어 목이 멜 때,
내가 너를 안다고 하지 않았느냐?

그 방패의 음성이 들린다.
파란 하늘 뭉게구름 사이 미소 지으시며
지쳐 있는 아들에게
내가 너를 주목하여 보고 있으니
참고 살다가 오려무나

네 짐이 너무 힘들어 괴롭고 지치면
골고다 언덕 십자가의 나를 보라

피 흘리신 십자가에서 아버지 원대로 하옵소서
그 주님이 보인다.

파란 하늘 흰 구름에 내 마음 실어 가듯
가슴이 후련하고 벅차오른다.
고개 들어 먼 하늘 바라보는 이 아들은
그렇게 오늘도 주님을 본다.
마음 가득 지고 온 가슴 아픈 눈물 가방 쏟아 놓고
채워진 십자가를 지고 주님 보며 살기로 다짐한다.
야훼의 하나님
지고 온 눈물 가방 쏟아놓고 십자가 지고 갑니다.
다음엔 가슴 가득 감사 가방 메고 오겠습니다.

나는 황혼에 빚 진자가 된다

길게 돌고 돌아
신의 섭리로 인연이 되어
그것도 쉽게 되지 않았던 여인이
기도 중에 주신 지금의 아내.
젊음의 기력이 있을 때는
희망이 우리를 위로했었지.

신앙 걱정
부모 걱정
자식 걱정
가정 걱정에
젊음은 그 속에서 퇴색되고
앞만 보고 숨 가쁘게 달려 와보니
어느새 먼 훗날 같던 그 황혼이 내 곁에 와 있네
열정 가득 능동적이던 삶이

활기 잃은 피동적으로 되어 있고
지나온 그 많은 세월에
내년이면..
내년이면...
하고 희망 삼아
그리고 또 내년이면 하면서
아내를 행복하게 해줘야지
한 지가 세월 지나
벌써 삼십하고 팔년
마음에 빚진 자가 된다.

여기까지 오고 보니
아내를 속인 것 같아 가슴 아프다
때로는 죄인처럼 가슴 한구석이 무겁다.
아내가 말한 대로 나를 만나지 않았으면

화려하고 행복했을 텐데
빚진 자로 나도 속은 그 세월이 아주 슬프게 한다
연습이 없는 인생이기에 세월을 잃어버린 황혼은
아내의 그 말이 미안함을 넘어 무섭고 두렵다.
내가 해줄 수 없었던 그 행복들 아내에게 주시라고
하나님 앞에 기도로 목이 메인다.
오늘도 아내를 위해 기도한다.

황혼에 빚진 자가
해줄 수 있는 것은 그것뿐.

아내여 너무 후회하지 말아요.
내가 알려준 복음! 천국이 당신에게 있잖아요.
그곳에는 당신이 원하는 모든 것이 있답니다.
그렇게 하여 변명이라도 하고 싶다.

사랑하는 아내에게 확실한 선물
하나님 그 천국만이 남겨졌다.
그래도 아내를 속인
여유없던 인생이 미안하구나
나는 황혼에 빚 진자가 된다.

마지막 그날이 되어도 감사할 수 있게

먼동이 트는 새벽은 그분의 창조를 느끼게 한다.
언제나 떠오르는 태양은 하나님의 생명을 느낀다.

긴 밤 지병과 고통의 씨름을 보내고
오늘도 하나님이 주신 아침을 보는구나
긴 한숨 쉬며 일어나 앙상한 육신은
보지 않으려 애쓴다.
언제나 반복되는 일터로 가는 준비에 익숙하다.
세상 삶이 너무 잔혹하다 느끼면서도
성경은 일하기 싫으면 먹지도 말라
살아있는 자는 일 해야 한다고 말씀하신다.

하나님은 속삭인다.
고통이 너무 힘들게 하거든 잊어라
그러나 원망은 하지 말고 이겨보아라

대문을 나서며 내가 자신을 보아도
병약한 몸이 불쌍하다.
그런데 하나님은 나를 칭찬하신다
고개 들어 하늘 보며 우연이란 없으신 하나님
이 담대함 주께서 주심 감사합니다.
네가 아무리 비참하고 괴로워도
욥에게 비할 수는 있으랴!
네가 아무리 추하고 왜소해도
거지 나사로에게 비할 수 있겠느냐!
너는 쇠약하고 질병에 고통이 있을지라도
하나님은 내게 행복을 말씀하신다.

너는 끼니때마다 사랑으로 대접받는 식탁이 있고
밤이면 육신이 쉴 수 있는 잠자리가 있고
내가 보내준 돕는 자로 아내가 있지 않으냐?

출근길에 하늘 향한 내 눈이 뿌옇게 흐려짐은
가슴 뭉클하게 한다.

볼 수 있고,
들을 수 있고,
걸을 수 있고,
일하는 손이 있고,
하나 같이 없을 수도 있는 것
모두 있어 완성품인 자신을 본다.

건강이 좋은 것은 만인이 다 아는 것
그것은 감사를 모르는 내 기준이었네
세상 욕심 다 내려놓고 주신대로
감사하며 살겠습니다.
고백한다.

오늘이 마지막 그날이 되어도 감사할 수 있게
오늘 하루도 주님과 함께 승리하게 하소서
인쇄처럼 반복되는 시간이 오늘도 과거와 닮아있다.

그곳에 언제나 함께 계신 주님

내가 홀로 있을 때 곁에 계신

내가 외로울 때 친구가 되신

내가 괴로울 때 기도해 주신

내가 고독할 때 찾아와 주신

내가 멸시당할 때 지켜보고 계신

내가 천대받을 때 함께 해 주신

내가 억울할 때 위로해 주신

내가 핍박 속에 힘들 때 내 손 잡아주신

내가 울고 있을 때 눈물 닦아 주신

내가 힘들 때 도와주신

내가 가난할 때 부유를 약속하신

내가 병들었을 때 아직은 죽지 않는다고

믿음 주신 주님.

내가 있는 그곳엔 언제나 함께 계신

내가 주님으로 인하여 존재를 느끼고
내일이 있음을 믿고 간다.

내 시작도 주님과 함께
내 마지막도 주님과 함께
그 나라 갈 수 있기를 기도드리네
내가 오늘도 주님과 함께 있음이 감사하구나.

쓴 뿌리 속을 지나면서

불평이 시작되면
기도와 찬송이 없어지니
주님의 은혜는 보이지 않네
불평의 도를 더하니
원망의 싹이 마음에 자리 잡네
원망이 마음에 가득하니
하나님을 대적하기에 이르는구나
하나님을 대적하는 불순종이
죄도 두려워하지 않으니
교만이 그 속에 가득하구나
교만이 마음에 가득하니
죄가 그를 사로잡는구나
죄가 그를 사로잡으니
사망이 그를 두르네
그가 어찌 사망을 이기리오

너는 이런 사람이 되거나 보거든
그 속에서 속히 나올지어다
너는 부정한 곳에서 나올지어다
하나님의 음성을 들을지어다
그리고 모세처럼 주의 제단 앞에
속히 엎드려 기도할지어다.

아멘!

네가 심지 않은 과일을 먹게 하리라

언제나 오늘이 마지막인 것처럼
내 마음속에 계시고
생각 속에 계신 하나님
주님이 지금 내 모습 보시면서 어떤 마음이실까.

이 순간에도 죽음 앞에선
수많은 투병 환자가 느끼는
고통이 얼마나 절박한지 알면서도
나만 느끼는 고통인 양 한숨 쉰다.

철부지 소리겠지만 지금
하나님 나라에 가고 싶다 한다.
나 자신이 지치고 싫어서
불평 같기도 하고 투정 같기도 하여
부끄럽지만 단순해지려고 정리해 봅니다.

의인 욥의 고통은 성경으로만 느꼈지
그 아픔과 고통의 시련과 고귀한 의지를
미천한 내가 헤아릴 수는 없습니다.
지금 이 고통과 괴로움을
의인 욥을 생각하며 애써 참고 인내하려고 하지만
연약한 아들은 피골이 상접한 육신으로
뼈만 앙상합니다.

입는 옷으로 포장한다 해도
다 감출 수는 없는 아들의 육신 모습은
실망할 것도 없지만 자신을 실망스럽게 합니다.
그것이 전부가 아닌데도
기력이 쇠하여 살은 없고 뼈만 앙상한 팔다리는
에스겔 골자기의 뼈들과 같고
가쁜 숨결은 연못의 물 위에 떠올라

허연 배를 드러내고 입만 내민 물고기 같아요.
내가 내 자신을 보아도 내 몸이 흉측해요.
애써 혼자 태연한 연기는 하나님 아시잖아요.
하나님이 보시는 이 아들의 모습은
어떻게 보고 계시나요?
말씀 좀 해주세요?

나에게 내일은 있을까
날이면 날마다 남몰래 먼 산 바라보며
한숨으로 주님을 찾고
골방에 누워 벽을 바라보며
그 벽에 주님 얼굴 그리며 눈물만 흘리기를
너무 오래입니다.
밤이면 앉아있기를 시도하는 지병으로
그 고문도 힘겨운 밤이랍니다.

떠오르는 말씀은 더욱 새롭고 은혜의 눈물은
인생의 마음을 적십니다.

하나님은 이 모습 어떻게 보고 계시나요?
저 천국 생각하며 덜 익은 과일이라도
열매가 없어도 이 죄인 용서하소서!
입술에서 멈출 줄 모르게 부르는
하나님! 내 아버지!
나의 하나님! 나의 하나님!

어리광 부리고 이렇게 때도 쓰지만
걸어온 신앙의 흔적은
영적으로는 성숙하게 했습니다.
이 아들은 하나님께
신세타령하는 같아 부끄럽습니다.

내 믿음은 다 어디 갔는지

가엽도록 불쌍합니다

"너는 아직 죽지 않는다"

그 음성은 무슨 뜻인지 가슴에만 담고 있답니다

내 기준임을 알지만 문중의 후손들과 아들에게

우상 버린 자로 대적하는 무리

저주하고 모함하는 자

그들 앞에 하나님 아들임을 보여주고

주님 나라에 가고 싶습니다만

"네가 심지 않은 과일을 먹게 하리라

네가 짓지 않은 집을 주리라"

말씀 하시며 심지 않은 것을 주신 하나님

전적인 하나님 은혜로 주시는 은총의 열매로

그 영광을 그들 앞에 보여주고

한나처럼 가슴에 한이 열매로 맺혀진

그 값진 삶을 주님께 드리고 싶음이
이 아들의 소원입니다만
그러나 내 뜻대로 마시고 아버지 뜻대로 하소서
하나님 방법 하나님의 때에 그 영광 나타내소서
보지 못하고 주의 나라에 간다하여도
후일에 주의 영광이 된다면
이 아들은 믿고 감사하겠습니다.

오늘이 마지막 그날로
준비되지 못한 죄인을 본다.
그래서 부끄러워진다.

언제나, 기도

만인의 위로와 격려 보다는
나에겐 한마디 주를 향한 기도가
더욱 귀중하고 소중하다!

천만금의 물질의 도움보다는
나에겐 한마디 주를 향한 기도가
 더욱 귀중하고 소중하다!

 높고 높은 명예와 지식보다는
나에겐 한마디 주를 향한 기도가
더욱 귀중하고 소중하다!

오직! 죽음에서 영생은 주를 향한
믿음의 기도뿐이라!

매일의 생명이 기적이여서

기적은 나의 모든 것
지금 살아 있음이 기적
신의 은혜임을
나에게 우연은 없다는 것
알기까지의 기적은
눈에는 보여야 하고
손에는 쥐어져야 했지!
세상에서 내가 선택되어
예수님 믿는 것, 구원!
기적 중에 기적
눈물겹게 감사할 기적!
그분에게 기도하고
믿고 가는 것이 기적!
내가 필요할 때 주시는 것이
주님의 섭리요 경륜임을

아는 것이 기적이랍니다.
오늘 지금 내가 살아 호흡함이
기적임을, 하나님 감사해요

여호와여
오늘 순간 순간도
주님의 기적으로 살기 원하네!
아멘.

하늘로부터 소리가 나기를

너는 내 사랑하는 아들이라

내가 너를 기뻐하노라 하시니라

시편 42편 1절

사랑하고 존경하는 아버지

딸, 김혜영

모든 부모가 자녀를 향한 그 마음과 사랑은 비교할 수 없겠죠. 저는 이 세상에서 부모님을 가장 사랑하며, 학창 시절 존경하는 인물을 묻는 질문지에 매번 아버지라고 적었던 기억이 납니다.

제가 어릴 적 아버지는 33살에 장로 직분을 받으셨던 모습이 기억납니다. 젊은 나이에 장로님이 되신 아버지는 그전에도 그러셨겠지만, 주말이면 더 바쁘셨습니다. 주일을 온전히 지키시기 위해 회사 일은 늦어도 토요일까지는 꼭 마무리하셨습니다. 주일은 아침 새벽부터 밤늦게까지 교회 일을 하셨습니다. 저와 어머니는 저녁 예배를 마치고 먼저 집에 와서 아버지가 언제 오시나 기다리다 잠이든 기억이 납니다. 수요예배, 새벽예배, 금요철야 예배 후 토요일 새벽까지, 언제나 성도들과 함께 기도하셨습니다. 평일에는 퇴근하신 후 매일 교회에 들러 기도하고 집에 오셨다고 어머니께 전해 들었습니다. 저의 아버지는 그렇게 예배를 목숨보다 더 사랑하셨습니다.

교회 성도들의 장례일이 생기면 보통은 부담스러워 먼 발취에서 보는 정도일 것입니다. 그러나 아버지는 늘 적극적으로 성도의 경조사에 함께 하셨고, 진심으로 자기 일처럼 도우셨다고 합니다. (지금에야 장례식장이 많지만, 예전에는 집 방안에 시신을 모셔놓고 장례를 치렀다고 하네요)

어느 성도분과의 일화입니다. 시어머니께서 짚신으로 만든 인형과 갖가지 미신들을 집안 한 구석에 모아놓았더랍니다. 시어머니가 돌아가신 후 수일이 지나도 그 우상들이 무서워서 치우지 못하고 있다고 아버지께 말씀하니 곧바로 달려가셨답니다. 그 집에 들어가니 등골이 좀 오싹해져 왔으나, '주여!' 큰 소리를 외치고 그 짚신 인형과 미신형상들을 마당에 다 모아놓고 태웠다고 합니다. 그 속에서 엄청난 양의 동전이 발견되었는데, 아버지께서는 자루에 동전을 담은 후 깨끗하게 씻어 마을 쓰레기 줍는 분께 전달하셨습니다.

또 언젠가 한 번은 동네에 정신이 혼미한 미친 여자

가 자주 등장했습니다. 시장 사람들은 그 여자가 어느 교회 권사님의 머리채를 잡고 놓아주지 않았다고 말했습니다. '네가 권사냐?' 라고 비웃으며 말이죠. 힘이 얼마나 센지 머리끄덩이를 이리저리 끌고 다녔다는 거예요. 어느 날 그 여자가 건물 한구석에서 나오지 않고 있었습니다. 사람들이 어찌할 바를 모르고 있었죠. 그때 근처에 계셨던 아버지께 성도 한 분이 도움을 요청하셨습니다. 아버지는 당당하게 그 여자가 있는 건물로 가서 외쳤습니다.

'예수님 이름으로 더러운 귀신아, 물러갈지어다' 그리고 그 여자를 밖으로 데리고 나왔습니다. 여자는 물거품을 물고 쓰러지고, 한참 뒤 일어나 조용히 그 자리를 떠났다고 합니다.

언니와 제가 좀 성장한 후 아버지는 이런 일화들을 이야기해주셨고, 저희는 신기해하며 그 이야기에 귀 기울였던 기억이 납니다.

저의 어린 시절 아버지는 교회 일로 늘 바쁘셨지만, 부모님의 사랑과 보살핌은 충분히 느낄 수 있었습니다. 일

주일 중 꼭 시간을 내시어 언니와 저의 문제집과 숙제 검사를 해주셨습니다. 방학 숙제도 아버지와 언제나 함께였습니다. 다양한 곤충을 잡아서 라벨지를 붙여 멋진 채집 상자를 만들어 주셔서 반에서 1등을 했었지요.

유년기 시절 시험 기간이 되면 아버지는 예수님의 인자한 모습이 그려진 교회 책상을 펴시고, 언니와 저를 번갈아 부르며 틀린 문제를 체크하고 직접 문제 풀이를 설명해 주셨어요. 언니는 워낙 공부를 잘해서 칭찬받는데, 저는 눈물 콧물 다 흘리며 꿀밤을 맞으며 가르침을 받았던 기억이 선명합니다. 그래도 사랑 많은 아버지는 시험 전날에는 두 딸을 데리고 슈퍼에 가서 맛있는 것을 고르게 하셨습니다. 한 봉지 가득 담아온 빵, 우유, 과자 등을 맛있게 먹으라고 하시고는 언니와 저를 위해 그날 밤에 기도해 주십니다. 시험 전날과 성경학교 캠프에 가기 전날은 늘 맛있는 음식을 먹는 날이었어요. 수련회에서 은혜받고 오라고 저희를 앉히고 기도해 주시던 아버지는 이제는 머리가 하얀 노인이 돼버리셨네요.

문득 성인이 된 저희에게 아버지께서는 '너희가 어렸을 때 많이 데리고 다니며 추억을 쌓아주지 못해 미안해'

라는 말씀을 하시네요. 하나님과 그 교회에 충성하시고, 가정을 위해 성실히 일해오신 아버지의 헌신과 사랑을 누구와 비교할 수 있을까요.

'아빠, 세상에서 제일 존경하는 나의 아빠…. 아빠의 마음 다 알아요!'

아버지께서 일하셨던 기업은 주말에도 일을 했습니다. (예전에는 대부분 회사가 그랬다고 합니다) 아버지께서 속한 부서에서 부서장이 되셨을 때, 모든 일을 토요일까지 완벽히 마치고 일요일은 출근을 안 하기로 회장님의 허락을 받으셨습니다. 워낙 꼼꼼하신 일 처리와 성실함이 덕이 되어 계셨죠.

하지만 어디나 질투하는 사람들은 있기 마련, 불공평의 시비가 일어나기도 했습니다. 그 소란을 잠재우기 위해서 기업 회장님은 아버지가 속한 디자인 부서를 따로 직접 차려주시고 운영권을 내어 주셨습니다. 그만큼의 아버지는 높은 신뢰를 받고 있었습니다.

이후에 아버지는 본인의 자금을 모아 작은 디자인 회사 사무실을 차리셨습니다. '김 사장한테 맡기면 손해 볼

일이 없다'라고 소문이 이미 난 터라, 일거리는 끊임없이 이어졌습니다. 지금이야 컴퓨터로 디자인 일을 빠르게 할 수 있지만, 아버지 때는 필름지와 잉크를 이용해 손수 그리며 하는 제도 디자인이 한창이었습니다. 워낙 섬세한 작업 능력 덕분에 아버지께서는 다른 나라 왕궁의 옷도 도우셨는데, 실력을 인정받아 왕궁에 초대된 적도 있다고 들었습니다.

아버지께서는 장로임직을 받으신 교회가 건축될 때 주요한 직책을 맡으셨습니다. 옛날에는 교회를 지을 시멘트와 철근 벽돌을 직접 구해야 했다고 합니다. 전국의 공장을 각기 찾아 다니며 일일이 주문계약을 했습니다. 때마침 경제가 어려운 까닭에 '돈은 나중에 줘도 되니, 물건을 가져가서 쓰라'는 공장주들을 만나서 하나님 은혜로 교회 건축을 순탄히 진행할 수 있으셨습니다.

교회 건축은 온 성도가 함께 했습니다. 예배를 마치고 성도들을 한 줄로 세운 후, 벽돌 한 장씩을 1층에서 위층으로 전달하는 방식으로 건축자재를 이동시켰습니다. 벽돌이 옮겨진 후에 한 층을 완성해 나가고, 또 한 줄로 성도들과 한마음으로 옮기고, 또 그다음 한 층을 세워가며, 그 일이 아버지께서는 너무 신나고 재밌으셨다고 이야기하시곤 했습니다.

저희가 타지역으로 이사를 하게 되면서 그 교회를 떠나게 되었습니다. 성인이 된 후 오랜만에 방문한 그 교회를 보니, 어릴 적 뛰놀았던 그 크던 교회 앞마당이 왜 이리 작게 느껴질까요. 아버지께서도 생각에 잠긴 얼굴로 교회 종탑을 한참 동안 바라보시더라고요.

저희 가정이 지금 다니는 교회도 건축하던 시기에 아버지께서는 땀과 눈물로 기도하셨습니다. 집 안에 있는 금반지와 목걸이를 팔고, 모아두셨던 저의 치아 교정비까지 하나님께 드리셨던 기억이 납니다. 그러나 제가 어릴적 어머니는 한때 아버지를 이해 못 해 눈물을 흘리기도 했습니다. 그때 당시 사고 싶었던 가전제품도 못 사고, 오히려 돌반지를 팔고 저금했던 돈을 건축 헌금으로 내셨으니까요. 지금은 부모님 모두 기쁨으로 하나님께 얼마든 내어 드릴 수 있으셨다고 합니다.

어머니는 아버지의 뜨거운 신앙을 신혼 초에는 '저렇게까지 열심히 해야 하나' 생각도 하셨었지만, 지금은 권사님이 되셨습니다. 권사임직을 받으실 때 온 가족이 한자리에 모여 외쳤던 아버지의 감사 기도 소리가 얼마나 컸는지 아직도 귓가에 머물러 있답니다.

아버지는 지금의 교회에서 몇 년 전 장로 퇴임을 하셨습니다. 이제 하나님께 이 나라와 민족과 교회를 위해 조용히 기도하는 자리에 계십니다. 영적 전쟁터에서 이제 무거운 갑옷을 벗고, 믿음의 선배로 자리를 지켜가시겠지요.

책에서도 알 수 있듯이 아버지께서는 하나님이 주신 가시가 있습니다. 원래도 기관지가 안 좋았는데, 나이가 들면서 폐가 많이 약해져 기저질환을 갖고 계십니다. 코로나 시기에 교회 출석이 어려운 상황도 이어졌습니다.

영상 예배를 드릴 때도 아버지는 신앙의 자세를 지키셨습니다. 주일 아침 일찍 일어나서 깨끗이 몸을 씻으시고, 와이셔츠와 넥타이, 양복을 차려입으시고 소파에 앉으십니다. 성경책과 헌금 봉투를 앞에 놓으시고 예배 1시간 전부터 묵상과 기도 찬송을 부르십니다. 본 예배가 마치고 나서도 1시간 이상을 그 자리에 앉아 기도를 이어가십니다. 하나님께 죄송한 마음과 또 감사한 마음을 가지고 가정에서 예배를 드려도 교회 가서 드리는 것만큼 정성을 다했습니다. 그런 하얀 백발 아버지의 모습을 보며, 자녀 된 저희도 어찌 게으름을 피울 수 있을까요.

 새 옷을 사면 주일에 처음 입고 가시던 아버지의 모습. 대통령에게 초대받아 만나러 가는 것보다 하나님을 뵐 때 더 정성을 다해 준비해야 한다고 가르쳐주셨던 아버지의 가르침. 너무 좋은 옷과 치장은 가난한 성도들에게 시험이 되지 않을까 자제해야 한다고 하셨던 아버지의 교육... 저의 신앙의 길을 바로 세워주는 꺼지지 않는 빛줄기가 되었습니다.

 나이가 드신 아버지는 건강의 쇠함으로 이따금 응급실도 가게 되었습니다. 지금은 하나님께서 아버지가 누리실 수 있는 환경과 상황들을 많이 제지하지만, 그 가운데서 이 책을 준비하게 하시니 감사합니다. 아버지께서 적으셨던 신앙의 기록을 하나의 책으로 꼭 엮고 싶었습니다. 그 마음으로 2022년 여름에 출판사에 문을 두드리게 되었는데, 2023년 또다시 여름이 돌아올 무렵 아버지의 이름이 적힌 책 표지를 받아보았을 때 얼마나 감사의 눈물이 흐르던지요.

아버지가 '혜영아 네가 내 매니저네~ 출판사에 잘 적어 보내다오' 하시며, 원고와 수정 부분을 전달해 주시며 출판사와 연락을 주고받던 시간이 저에게는 너무나 소중했습니다. 아버지가 전달하시는 글을 옮겨 적는 순간들이 참 값졌습니다.

나의 아버지, 어린 시절부터 아버지는 차디찬 교회 마룻바닥에서 어떤 마음으로 홀로 하나님께 엎드려 기도하셨을까. 이제는 하얀 백발을 가지고 거칠고 두터워진 손을 모아 기도하시는 지금의 시간까지, 얼마나 땀과 눈물의 고된 길 속을 쉼 없이 달려오셨는가... 그 믿음의 유산을 지키기 위해 시험과 영적 싸움에서 매일 자신을 누르고 쳐서 달려오셨는가!

이 책의 이야기를 저 역시 다시 읽으며 지난 감회가 새롭습니다. 아버지가 지켜온 믿음의 시간 속으로 잠시 돌아가 안아드리고 얼굴에 흐르는 땀과 눈물을 닦아 드리고 싶습니다.

We are Missionary in Gospel
복음 콘텐츠를 만드는 출판·문화 사역, 북샤인

복음안에서 나의 비전과 사명을 회복합니다.
아름다운 예술과 창작을 통해 마음을 치유하며
그리스도의 사랑을 전하는 문화를 만들어갑니다.

그리움이 사모함이 된 예배

초판발행: 2023년 6월 12일

지은이 | 김정하
편집자 | 한서원
디자인 | 김효선
출판사 | 북샤인
사이트 | bookshine.co.kr
메　일 | book-shine@naver.com

* 이 책의 저작권은 출판사(북샤인)와 저자에 있습니다
* 이 책 내용의 전부 또는 일부를 이용하려면 반드시 출판사의 동의를 받아야 합니다
* 저작권법에 의해 보호를 받는 저작물이므로 무단 복제 및 무단 전재를 금합니다